다시 시작하는 중국어

다시중

60패턴

중국어회화

다시 시작하는 중국어
60패턴 중국어회화

초판 1쇄 발행 2015년 10월 5일
2판 1쇄 인쇄 2023년 6월 17일
2판 1쇄 발행 2023년 6월 27일

지은이   연리지
발행인   임충배
홍보/마케팅   양경자
편집   김인숙
디자인   정은진
펴낸곳   도서출판 삼육오(Pub.365)
제작   (주)피앤엠123

출판신고 2014년 4월 3일
등록번호 제406-2014-000035호

경기도 파주시 산남로 183-25
TEL 031-946-3196 / FAX 031-946-3171
홈페이지 www.pub365.co.kr

ISBN 979-11-92431-28-4 13720
© 2023 연리지 & PUB.365

다시 시작하는 중국어

다시중

Chinese

저자 연리지

60패턴
중국어회화

PUB윤오

머리말

이 책은 중국어를 처음 시작하거나 시작한 후 힘든 고비를 겪고 있는 학습자를 위해 준비했습니다. 많은 중국어 학습자들이 중국어는 다른 언어와 달리 처음 시작부터 너무 어렵다는 말을 많이 합니다.

하지만 이 책을 학습하는 독자에게 확실하게 말해 줄 수 있는 것은, 모든 어려움에는 고통이 있지만, 그 고비만 넘기고 나면 그보다 훨씬 더 값진 결과물이 기다리고 있다는 것입니다. 중국어도 마찬가지입니다.
성조가 되지 않는 분! 중국어 한자가 아니라 병음만 눈에 들어오는 분! 단어와 병음이 하나로 되지 않는 분! 그리고 짜이찌엔 정도는 알고 계신 분!
모두 지금 이 순간을 참고 중국어를 공부한다면, 이후에 더 값진 것을 얻을 수 있으며, 중국어가 정말 쉽다라는 것을 알 수 있을 것입니다.

〈60패턴 중국어회화〉는 총 60개 패턴을 정리하였으며, 매일 3개 정도의 패턴을 학습하여 30일에 초급 중국어를 끝낼 수 있게 만들었습니다. 교재 안의 [문장 패턴]과 [성조 복습]을 통해 문장을 완벽하게 익혀, 본 교재에서 학습한 문장을 실생활에 꼭 적용하여 자신의 문장으로 만들 수 있기를 바랍니다.

저자 연리지

이 책의 특징

1 60패턴으로 중국어 초급 회화 완성

말을 길게 해야 중국어를 잘한다 할 수 있을까요?
60패턴으로 모든 일상 회화가 가능합니다.

2 중국어 기초 동영상 무료 제공

강사 김정은 선생님이 직접 강의한 중국어 글자와 발음 등
기초 동영상 강의를 무료로 제공해 드립니다. (책 본문 INTRO QR코드)

3 듣기만 해도 말이되는 패턴 연습용 MP3 무료 제공

무료로 제공되는 패턴 훈련용 MP3, 듣기만 해도 말이 술술 나옵니다.

4 단어 노트 무료 제공

회화의 기본은 단어! 본문의 주요 단어 이외 유사 상황에 대처할 수 있게
추가 단어를 별도로 정리하였습니다.

* 본문 및 훈련용 MP3, 단어 노트 다운로드 / www.pub365.co.kr 홈페이지

목차

이 책의 구성

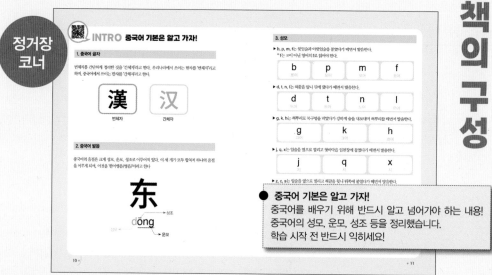

정거장
코너

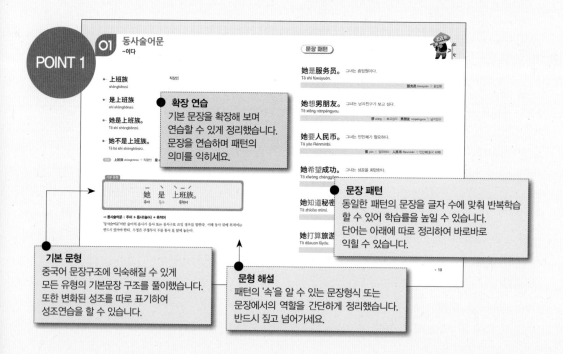

● 중국어 기본은 알고 가자!
중국어를 배우기 위해 반드시 알고 넘어가야 하는 내용!
중국어의 성모, 운모, 성조 등을 정리했습니다.
학습 시작 전 반드시 익히세요!

POINT 1

● 확장 연습
기본 문장을 확장해 보며
연습할 수 있게 정리했습니다.
문장을 연습하며 패턴의
의미를 익히세요.

● 문장 패턴
동일한 패턴의 문장을 글자 수에 맞춰 반복학습
할 수 있어 학습률을 높일 수 있습니다.
단어는 아래에 따로 정리하여 바로바로
익힐 수 있습니다.

기본 문형
중국어 문장구조에 익숙해질 수 있게
모든 유형의 기본문장 구조를 풀이했습니다.
또한 변화된 성조를 따로 표기하여
성조연습을 할 수 있습니다.

문형 해설
패턴의 '속'을 알 수 있는 문장형식 또는
문장에서의 역할을 간단하게 정리했습니다.
반드시 짚고 넘어가세요.

POINT 2

성조 복습   다음 중국어에 맞게 성조를 표시하며 말해보세요.

□□□□□
❶ 她是服务员。   그녀는 종업원이다.

□□□□□
❷ 她想男朋友。   그녀는 남자친구가 보고 싶다.

● 성조 복습
보고, 외워도 잘 익혀지지 않는, 하지만 중국어에서
중요한 성조를 익힐 수 있게 성조표기 연습을 준비
했습니다. 한자 위에 있는 빈칸에 변화되지 않은
성조를 표기하며 읽어보세요.

□□□□□
❸ 她打算旅游。   그녀는 여행을 하려고 한다.

20

플러스 어휘   다음 주제별 어휘들을 확인하고 문장에 활용해 보세요.

직업

· **司机** sījī   · **售货员** shòuhuòyuán
  ⓘ 기사   ⓘ 판매원

· **厨师** chúshī   · **雇主** gùzhǔ
  ⓘ 요리사   ⓘ 바이어

· **医生** yīshēng   · **空中小姐** kōngzhōngxiáojiě
  ⓘ 의사

· **护士** hùshì
  ⓘ 간호사

· **公务员** gōngwùyuán
  ⓘ 공무원

· **演员** yǎnyuán
  ⓘ 배우

● 플러스 어휘
실생활에서 유용하게 사용할 수 있는 어휘를
따로 모았습니다. 학습한 유형에 적용하여
연습해보세요!

21

POINT 3

Unit 01~03   확장 복습

1 다음 한자에 맞는 병음을 써 보세요.

❶ 上班族   _____

❷ 服务员   _____

❸ 人民币   _____

❹ 漂亮   _____

❺ 生病   _____

❻ 结婚   _____

2 아래 문장에서 병음은 한자를, 한자는 병음을 적으세요.

❶ 她打算旅游。   → _____

❷ Tā fēicháng qīngjiè.   → _____

❸ Nǐ shēntǐ hǎo ma?   → _____

❹ 你工作忙吗?   → _____

3 다음 오른쪽에 있는 문장을 참고하여 빈칸에 알맞은 단어를 쓰세요.

❶ 我 ____ 男朋友。   나는 남자친구가 보고 싶다.

❷ Tā ____ mìmì.   她知道秘密。

❸ 그녀는 매우 ____   Tā fēicháng niánqīng.

❹ 你是老师 ____?   당신은 선생님인가요?

● 확장 복습
챕터별로 배운 유형을 총정리하는 코너입니다.
[단어연습], [문장연습], [유형연습], [작문연습]을 통해
자기만의 문장으로 만들어 실생활에 활용해 보세요.

❺ 당신은 자산이 있나요?

❻ 당신은 밥을 먹었나요?

정답 1. ❶ shàngbānzú ❷ fúwùyuán ❸ Rénmínbì ❹ piàoliang ❺ shēngbìng ❻ jiéhūn
2. ❶ Tā dǎsuàn lǚyóu. ❷ 她非常清洁. ❸ 你身体好吗? ❹ Nǐ gōngzuò máng ma?

정답 3. ❶ 想 ❷ zhīdào ❸ 젊다 ❹ 吗
4. ❶ 她有望成功. ❷ 她幸福地生活. ❸ 你有自信吗? ❹ 你吃饭了吗?

30

31

INTRO 중국어 기본은 알고 가자!

1. 중국어 글자

번체자를 간단하게 정리한 것을 '간체자'라고 한다. 우리나라에서 쓰이는 한자를 '번체자'라고
하며, 중국어에서 쓰이는 한자를 '간체자'라고 한다.

번체자   간체자

2. 중국어 발음

중국어의 음절은 크게 성모, 운모, 성조로 이루어져 있다. 이 세 개가 모두 합쳐져 하나의 음절
을 이루게 되며, 이것을 '한어병음(병음)'이라고 한다

3. 성모

▶ b, p, m, f는 윗입술과 아랫입술을 붙였다가 떼면서 발음한다.
  * f는 ㅍ이 아닌 영어의 f로 읽어야 한다.

b	p	m	f
뽀어	포어	모어	포어

▶ d, t, n, l는 혀끝을 앞니 뒤에 댔다가 떼면서 발음한다.

d	t	n	l
뜨어	트어	느어	르어

▶ g, k, h는 혀뿌리로 목구멍을 막았다가 강하게 숨을 내보내며 혀뿌리를 떼면서 발음한다.

g	k	h
끄어	크어	흐어

▶ j, q, x는 입술을 옆으로 벌리고 혓바닥을 입천장에 붙였다가 떼면서 발음한다.

j	q	x
지	치	시

▶ z, c, s는 입술을 옆으로 벌리고 혀끝을 윗니 뒤쪽에 붙였다가 떼면서 발음한다.

z	c	s
쯔	츠	쓰

▶ zh, ch, sh, r는 혀끝을 말아 입천장에 붙였다가 떼면서 발음한다.

zh	ch	sh	r
즈	츠	스	르

4. 운모

▶ 단운모

a 아	o 오어	e 으어
i 이	u 우	ü 위

▶ 복운모

ai 아이	ei 에이	ao 아오	ou 어우

▶ 비운모

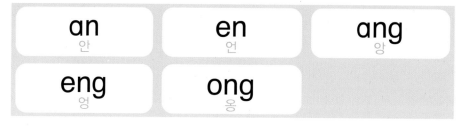

an 안	en 언	ang 앙
eng 엉	ong 옹	

▶ 권설운모

er 얼

(1) 복운모와 단운모 + 복운모

▶ i로 시작하는 복운모 앞에 성모가 없으면 i를 y로 표기한다. 단, in과 ing은 i를 yi로 표기하며, '성모 + iou'는 '성모 + iu'로 표기한다. (예 xiou → xiu)

ia → ya 이아	ie → ye 이에	iao → yao 이아오

iou→you 이오우	in→yin 인	ing→ying 잉
ian→yan (이)얜	iang→yang (이)양	iong→yong (이)용

▶ u로 시작하는 복운모 앞에 성모가 없으면 u를 w로 표기한다. uei는 성모와 결합시 '성모 + ui'로, uen은 '성모 + un'으로 표기한다. (예 duei → dui / duen → dun)

ua→wa 우아	uo→wo 우어	uai→wai 우아이
uan→wan 우안	uang→wang (우)왕	uen→wen (우)원

▶ ü로 시작하는 복운모 앞에 성모가 없으면 ü를 yu로 표기하면서 ü위에 있는 두 점은 생략한다.

üe→yue 위에	üan→yuan 위앤	ün→yun 윈

(2) 성모와 운모 결합의 또 다른 비밀

▶ 성모 j, q, x가 운모 ü와 결합할 때에는 운모 위의 두 점을 생략한다.

jüe→jue 쥐에	jüan→juan 쥐앤	jün→jun 쥔
qüe→que 취에	qüan→quan 취앤	qün→qun 췬
xüe→xue 쉬에	xüan→xuan 쉬앤	xün→xun 쉰

5. 성조

중국어에는 총 5개의 음의 높낮이가 있으며, 음절에 따라 성조변화가 있다. 중국어는 성조에 따라 의미가 변할 수 있으므로 주의해야 한다.

제1성 ā 산에서 '아~'라고 메아리를 부르는 것처럼 처음부터 끝까지 같은 음높이로 평평하게 유지한다. 예 妈 mā 엄마

제2성 á 어떤 질문에 되물을 때 '네에~?'처럼 중간음에서 높은 음까지 단번에 끌어 올린다. 예 麻 má 마

제3성 ǎ 무언가 깨달았을 때 '아~ 그렇구나'할 때처럼 중간 아래 음에서 제일 낮은 음으로 내려왔다가 다시 위로 올라간다. 예 马 mǎ 말

반3성 ǎ 성조 변화에서 생기는 반3성은 제일 낮은 음으로 내려왔다 다시 올리지 않는다.

제4성 à 어딘가에 부딪혀 아플 때 '애!'하는 것처럼 가장 높은 음에서 가장 낮은 음으로 단숨에 내린다. 예 骂 mà 욕

경성 앞 음절의 성조에 이어 가볍고 짧게 발음하며, 성조표시는 없다.
예 妈妈 māma 엄마

성조표기 규칙

① 성조는 운모 위에 표기하며, 운모가 두 개 이상일 경우에는 주요 모음 위에 찍는다. 주요 모음은 아래와 같은 순서로 정해진다.

$$a > o = e > i = u = ü$$

예 gāi 该 ~해야 한다　　zǒu 走 걷다　　yuè 月 월

② 성조 부호를 i에 표기할 경우 위에 점은 생략한다.
예 yīfu 衣服 옷　　kěyǐ 可以 ~할 수 있다

③ 운모 i와 u가 나란히 있을 때는 뒤에 오는 운모에 성조를 표기한다.
예 guì 贵 비싸다　　xiū 休 휴식하다

6. 성조 변화

중국어에는 3성의 성조변화, 一(yī)의 성조변화, 不(bù)의 성조변화가 있다. 변화된 성조를 기억하여 읽을 때 주의해야 한다.

1 3성의 변화

① 3성 뒤에 1성, 2성, 4성, 경성이 있으면 앞의 3성은 반3성으로 읽는다.

　　예 北京 Běijīng 북경　　很忙 hěn máng 매우 바쁘다　　可爱 kě'ài 귀엽다

② 3성 뒤에 3성이 있으면 앞의 3성은 2성으로 읽는다.

　　예 很好 hěn hǎo 매우 좋다　　首尔 Shǒu'ěr 서울　　显小 xiǎnxiǎo 어려 보인다

2 一의 변화

① 숫자로 읽을 때에는 1성 yī로 읽는다.

　　예 十一 shíyī 11　　四百零一 sì bǎi líng yī 401

② 一 뒤에 1, 2, 3성이 나오면 1성을 4성 yì로 읽는다.

　　예 一生 yìshēng 평생　　一杯茶 yì bēi chá 차 한 잔

③ 一 뒤에 4성이 나오면 1성을 2성 yí로 읽는다.

　　예 一件 yí jiàn 한 벌　　一会儿 yíhuìr 잠깐

3 不의 변화

① 不 뒤에 1, 2, 3성이 나오면 성조변화 없이 4성 bù로 읽는다.

　　예 不来 bù lái 오지 않다　　不高 bù gāo 높지 않다

② 不 뒤에 4성이 나오면 4성을 2성 bú로 읽는다.

　　예 不累 bú lèi 피곤하지 않다　　不去 bú qù 가지 않다

01장

뼈대를 알아야 살을 붙인다.
기본문장 알아보기!

—

학습 목표

1 '주어', '술어', '목적어' 문장성분의 의미와 기능을 익힌다.

2 중국어의 어순 '주어 + 술어 + 목적어'를 먼저 익힌다.

3 술어의 종류와 부정문을 만들 수 있는 부정부사 不를 익힌다.

4 의문조사 吗로 평서문을 의문문으로 만드는 방법을 익힌다.

01 동사술어문
~이다

● 上班族
shàngbānzú

직장인

● 是上班族
shì shàngbānzú

직장인이다

● 她是上班族。
Tā shì shàngbānzú.

그녀는 직장인이다.

● 她不是上班族。
Tā bú shì shàngbānzú.

그녀는 직장인이 아니다.

단어　上班族 shàngbānzú 명 직장인 | 是 shì 통 ~이다 | 她 tā 대 그녀 | 不 bù 부 ~이 아니다

기본 문형

她　是　上班族。
주어　동사　목적어

➡ 동사술어문 : 주어 + 동사(술어) + 목적어

'동사술어문'이란 술어의 품사가 동사 또는 동사구로 쓰일 경우를 말한다. 이때 동사 뒤에 목적어는 반드시 있어야 한다. 부정은 부정부사 不를 동사 是 앞에 놓는다.

문장 패턴

她是服务员。 그녀는 종업원이다.
Tā shì fúwùyuán.

服务员 fúwùyuán 몡 종업원

她想男朋友。 그녀는 남자친구가 보고 싶다.
Tā xiǎng nánpéngyou.

想 xiǎng 통 보고싶다 | 男朋友 nánpéngyou 몡 남자친구

她要人民币。 그녀는 인민폐가 필요하다.
Tā yào Rénmínbì.

要 yào 통 필요하다 | 人民币 Rénmínbì 몡 인민폐(중국 화폐)

她希望成功。 그녀는 성공을 희망한다.
Tā xīwàng chénggōng.

希望 xīwàng 통 희망하다 | 成功 chénggōng 몡 성공

她知道秘密。 그녀는 비밀을 알고 있다.
Tā zhīdào mìmì.

知道 zhīdào 통 알다 | 秘密 mìmì 몡 비밀

她打算旅游。 그녀는 여행을 하려고 한다.
Tā dǎsuan lǚyóu.

打算 dǎsuan 통 ～하려고 하다, 계획하다 | 旅游 lǚyóu 몡 여행

● 19

다음 중국어에 맞게 성조를 표시하며 말해보세요.

☐☐☐☐☐
❶— 她是服务员。　　그녀는 종업원이다.

☐☐☐☐☐
❷— 她想男朋友。　　그녀는 남자친구가 보고 싶다.

☐☐☐☐☐
❸— 她要人民币。　　그녀는 인민폐가 필요하다.

☐☐☐☐☐
❹— 她希望成功。　　그녀는 성공을 희망한다.

☐☐☐☐☐
❺— 她知道秘密。　　그녀는 비밀을 알고 있다.

☐☐☐☐☐
❻— 她打算旅游。　　그녀는 여행을 하려고 한다.

다음 주제별 어휘들을 확인하고 문장에 활용해 보세요

직업

- **司机** sījī
  - 명 기사

- **厨师** chúshī
  - 명 요리사

- **医生** yīshēng
  - 명 의사

- **护士** hùshi
  - 명 간호사

- **公务员** gōngwùyuán
  - 명 공무원

- **演员** yǎnyuán
  - 명 배우

- **售货员** shòuhuòyuán
  - 명 판매원

- **顾主** gùzhǔ
  - 명 바이어

- **空中小姐** kōngzhōng xiǎojiě
  - 명 스튜어디스

- **老板** lǎobǎn
  - 명 사장

- **警察** jǐngchá
  - 명 경찰

02 형용사술어문
(매우) ~하다

● 漂亮
  piàoliang
  예쁘다

● 非常漂亮
  fēicháng piàoliang
  매우 예쁘다

● 她非常漂亮。
  Tā fēicháng piàoliang.
  그녀는 매우 예쁘다.

● 她不漂亮。
  Tā bú piàoliang.
  그녀는 예쁘지 않다.

단어 漂亮 piàoliang ⑱ 예쁘다 | 非常 fēicháng ⑭ 매우 | 她 tā ⑪ 그녀 | 不 bù ⑭ ~이 아니다

기본 문형

她	非常	漂亮。
주어	부사	형용사

➡ 형용사술어문 : 주어 + 부사 + 형용사(술어)

'형용사술어문'은 술어의 품사가 형용사로 쓰인 경우를 말한다. 이때 주의할 점은 형용사술어 뒤에는 목적어가 쓰이지 않으며, 술어 앞에 술어를 꾸며주는 부사가 나온다는 점이다. 부정은 부정 부사 不를 형용사술어 앞에 놓는다.

她非常聪明。 그녀는 매우 똑똑하다.
Tā fēicháng cōngming.

聪明 cōngming 형 똑똑하다, 총명하다

她非常可爱。 그녀는 매우 귀엽다.
Tā fēicháng kě'ài.

可爱 kě'ài 형 사랑스럽다, 귀엽다

她非常幽默。 그녀는 매우 유머러스하다.
Tā fēicháng yōumò.

幽默 yōumò 형 유머러스하다, 익살맞다

她非常亲切。 그녀는 매우 친절하다.
Tā fēicháng qīnqiè.

亲切 qīnqiè 형 친절하다, 친밀하다

她非常苗条。 그녀는 매우 날씬하다.
Tā fēicháng miáotiao.

苗条 miáotiao 형 (몸매가) 날씬하다, 호리호리하다

她非常年轻。 그녀는 매우 젊다.
Tā fēicháng niánqīng.

年轻 niánqīng 형 젊다

다음 중국어에 맞게 성조를 표시하며 말해보세요.

☐☐☐☐☐

❶- 她非常聪明。　　　그녀는 매우 똑똑하다.

☐☐☐☐☐

❷- 她非常可爱。　　　그녀는 매우 귀엽다.

☐☐☐☐☐

❸- 她非常幽默。　　　그녀는 매우 유머러스하다.

☐☐☐☐☐

❹- 她非常亲切。　　　그녀는 매우 친절하다.

☐☐☐☐☐

❺- 她非常苗条。　　　그녀는 매우 날씬하다.

☐☐☐☐☐

❻- 她非常年轻。　　　그녀는 매우 젊다.

다음 주제별 어휘들을 확인하고 문장에 활용해 보세요

묘사

- **美丽** měilì
  - 형 아름답다

- **丑** chǒu
  - 형 못생기다

- **活泼** huópō
  - 형 활발하다

- **胖** pàng
  - 형 뚱뚱하다, 살찌다

- **少相** shàoxiang
  - 형 젊어 보이다

- **老** lǎo
  - 형 늙다

- **瘦** shòu
  - 형 마르다, 여위다

- **显老** xiǎnlǎo
  - 동 늙어보이다

MEMO

---

03 吗의문문
~입니까?

- **好** — 좋다
  hǎo

- **身体好。** — 건강이 좋다.
  Shēntǐ hǎo.

- **身体好吗?** — 건강 하세요?
  Shēntǐ hǎo ma?

- **你身体好吗?** — 당신은 건강하세요?
  Nǐ shēntǐ hǎo ma?

단어 好 hǎo 휑 좋다 | 身体 shēntǐ 뎽 건강, 신체 | 吗 ma 쥬 ~입니까 | 你 nǐ 땜 너, 당신

기본 문형

你身体　好　吗?
주어　　형용사　의문조사

➡ **吗의문문 – 주어 + 술어 + (목적어 +) 吗**

吗는 중국어에서 의문문을 만들 수 있는 가장 기본적인 의문조사로, 평서문 끝에 吗를 붙이면 '~입니까'라는 뜻의 의문문이 된다. 吗는 경성이며 문장은 끝을 살짝 올려 읽는다.

你是老师吗? 당신은 선생님인가요?
Nǐ shì lǎoshī ma?

老师 lǎoshī 명 선생님

你有自信吗? 당신은 자신이 있나요?
Nǐ yǒu zìxìn ma?

有 yǒu 동 있다 | 自信 zìxìn 명 자신

你工作忙吗? 당신은 일이 바쁜가요?
Nǐ gōngzuò máng ma?

工作 gōngzuò 명 일 | 忙 máng 형 바쁘다

你吃饭了吗? 당신은 밥을 먹었나요?
Nǐ chīfàn le ma?

吃饭 chīfàn 동 밥을 먹다 | 了 le 조 완료를 나타내는 조사

你生病了吗? 당신은 병이 났나요?
Nǐ shēngbìng le ma?

生病 shēngbìng 동 병이 나다

你结婚了吗? 당신은 결혼을 했나요?
Nǐ jiéhūn le ma?

结婚 jiéhūn 동 결혼하다

성조 복습   다음 중국어에 맞게 성조를 표시하며 말해보세요.

☐☐☐☐☐

❶— 你是老师吗？   당신은 선생님인가요?

☐☐☐☐☐

❷— 你有自信吗？   당신은 자신이 있나요?

☐☐☐☐☐

❸— 你工作忙吗？   당신은 일이 바쁜가요?

☐☐☐☐☐

❹— 你吃饭了吗？   당신은 밥을 먹었나요?

☐☐☐☐☐

❺— 你生病了吗？   당신은 병이 났나요?

☐☐☐☐☐

❻— 你结婚了吗？   당신은 결혼을 했나요?

음식

- **泡菜** pàocài
  명 김치

- **拌饭** bànfàn
  명 비빔밥

- **拉面** lāmiàn
  명 라면

- **炸鸡** zhájī
  명 치킨

- **辣炒年糕** làchǎo niángāo
  명 떡볶이

- **饭团** fàntuán
  명 주먹밥

- **紫菜饭** zǐcàifàn
  명 김밥

- **炒饭** chǎofàn
  명 볶음밥

- **汉堡包** hànbǎobāo
  명 햄버거

- **面条** miàntiáo
  명 국수

- **快餐** kuàicān
  명 패스트푸드

- **烤肉** kǎoròu
  명 불고기

1 다음 한자에 맞는 병음을 써 보세요.

① 上班族 ➡ _____

② 服务员 ➡ _____

③ 人民币 ➡ _____

④ 漂亮 ➡ _____

⑤ 生病 ➡ _____

⑥ 结婚 ➡ _____

2 아래 문장에서 병음은 한자를, 한자는 병음을 적으세요.

① 她打算旅游。 ➡ _____

② Tā fēicháng qīnqiè. ➡ _____

③ Nǐ shēntǐ hǎo ma? ➡ _____

④ 你工作忙吗? ➡ _____

답안 1. ① shàngbānzú ② fúwùyuán ③ Rénmínbì ④ piàoliang ⑤ shēngbìng ⑥ jiéhūn
2. ① Tā dǎsuan lǚyóu. ② 她非常亲切。 ③ 你身体好吗? ④ Nǐ gōngzuò máng ma?

3 다음 오른쪽에 있는 문장을 참고하여 빈칸에 알맞은 단어를 쓰세요.

❶ 我 ____ 男朋友。　　　나는 남자친구가 보고 싶다.

❷ Tā ____ mìmì.　　　她知道秘密。

❸ 그녀는 매우 ____.　　　Tā fēicháng niánqīng.

❹ 你是老师 ____?　　　당신은 선생님인가요?

4 다음 우리말을 중국어 문장으로 만들어 보세요.

❶ 그녀는 성공을 희망한다. ➡ _____

❷ 그녀는 매우 똑똑하다. ➡ _____

❸ 당신은 자신이 있나요? ➡ _____

❹ 당신은 밥을 먹었나요? ➡ _____

답안 **3.** ① 想　② zhīdào　③ 젊다　④ 吗
　　　4. ① 她希望成功。② 她非常聪明。③ 你有自信吗? ④ 你吃饭了吗?

02장

목적어와의 관계를 표현하는 기본동사!

—

학습 목표

1 　是, 有, 在의 의미를 익힌다.

2 　是, 有, 在와 자주 쓰이는 주어를 익힌다.

3 　是, 有, 在 뒤에 자주 오는 목적어를 익힌다.

4 　有의 부정을 반드시 기억한다.

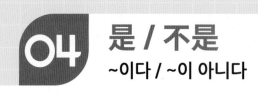

是 / 不是
~이다 / ~이 아니다

- **韩国人**
  Hánguórén

  한국사람

- **是韩国人**
  shì Hánguórén

  한국사람이다

- **我是韩国人。**
  Wǒ shì Hánguórén.

  나는 한국사람이다.

- **我不是韩国人。**
  Wǒ bú shì Hánguórén.

  나는 한국사람이 아니다.

단어   **韩国人** Hánguórén 명 한국 사람 | **是** shì 동 ~이다 | **我** wǒ 대 나, 저 | **不** bù 부 ~이 아니다

기본 문형

我　是　韩国人。
주어　동사　목적어
사람, 사물, 장소　　　사람, 사물

➡ 동사 是는 '~이다'라는 의미로, 중국어에서 가장 기본 동사이다. 'A는 B이다'라는 A와 B의 동일함을 나타내고자 할 때 대표적으로 'A是B' 구조를 사용하면 된다. 부정은 부정부사 不를 동사 是 앞에 쓴다.

我是中国人。
Wǒ shì Zhōngguórén.

나는 중국 사람이다.

中国人 Zhōngguórén 뗑 중국 사람

我是美国人。
Wǒ shì Měiguórén.

나는 미국 사람이다.

美国人 Měiguórén 뗑 미국 사람

我是日本人。
Wǒ shì Rìběnrén.

나는 일본 사람이다.

日本人 Rìběnrén 뗑 일본 사람

我是法国人。
Wǒ shì Fǎguórén.

나는 프랑스 사람이다.

法国人 Fǎguórén 뗑 프랑스 사람

我是越南人。
Wǒ shì Yuènánrén.

나는 베트남 사람이다.

越南人 Yuènánrén 뗑 베트남 사람

我是俄国人。
Wǒ shì Éguórén.

나는 러시아 사람이다.

俄国人 Éguórén 뗑 러시아 사람

다음 중국어에 맞게 성조를 표시하며 말해보세요.

□□□□□
❶ 我 是 中 国 人 。　　　나는 중국 사람이다.

□□□□□
❷ 我 是 美 国 人 。　　　나는 미국 사람이다.

□□□□□
❸ 我 是 日 本 人 。　　　나는 일본 사람이다.

□□□□□
❹ 我 是 法 国 人 。　　　나는 프랑스 사람이다.

□□□□□
❺ 我 是 越 南 人 。　　　나는 베트남 사람이다.

□□□□□
❻ 我 是 俄 国 人 。　　　나는 러시아 사람이다.

다음 주제별 어휘들을 확인하고 문장에 활용해 보세요

나라

- **欧洲** Ōuzhōu
  명 유럽

- **亚洲** Yàzhōu
  명 아시아

- **中东** Zhōngdōng
  명 중동

- **非洲** Fēizhōu
  명 아프리카

- **德国** Déguó
  명 독일

- **马来西亚** Mǎláixīyà
  명 말레이시아

- **新加坡** Xīnjiāpō
  명 싱가포르

- **台湾** Táiwān
  명 대만

- **香港** Xiānggǎng
  명 홍콩

- **澳门** Àomén
  명 마카오

- **印度尼西亚** Yìndùníxīyà
  명 인도네시아

- **泰国** Tàiguó
  명 태국

- **北韩** běi Hán
  명 북한

05 有 / 没有
~가 있다 / ~가 없다

- **朋友** 　　　　　　　친구
  péngyou

- **有朋友** 　　　　　　친구가 있다
  yǒu péngyou

- **我有朋友。** 　　　　나는 친구가 있다.
  Wǒ yǒu péngyou.

- **我没有朋友。** 　　　나는 친구가 없다.
  Wǒ méi yǒu péngyou.

단어　朋友 péngyou 명 친구 | 有 yǒu 동 있다 | 我 wǒ 대 나, 저 | 没 méi 부 不의 과거

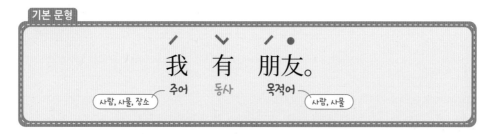

기본 문형

我　有　朋友。
주어　동사　목적어
(사람, 사물, 장소)　　　　(사람, 사물)

➡ 동사 有는 '~가 있다'라는 뜻으로 주어가 목적어의 소유나 존재를 나타낼 때 쓰인다. 有의 부정
은 부정부사 不를 쓰지않고, 不의 과거 没(méi)로만 나타낼 수 있다는 것을 주의해야 한다.

我有现金。 나는 현금이 있다.
Wǒ yǒu xiànjīn.

现金 xiànjīn 圀 현금

我有铅笔。 나는 연필이 있다.
Wǒ yǒu qiānbǐ.

铅笔 qiānbǐ 圀 연필

我有护照。 나는 여권이 있다.
Wǒ yǒu hùzhào.

护照 hùzhào 圀 여권

我有房子。 나는 방이 있다.
Wǒ yǒu fángzi.

房子 fángzi 圀 방

我有钱包。 나는 지갑이 있다.
Wǒ yǒu qiánbāo.

钱包 qiánbāo 圀 지갑

我有鼠标。 나는 마우스가 있다.
Wǒ yǒu shǔbiāo.

鼠标 shǔbiāo 圀 마우스

다음 중국어에 맞게 성조를 표시하며 말해보세요.

① 我 有 现 金 。　　　나는 현금이 있다.

② 我 有 铅 笔 。　　　나는 연필이 있다.

③ 我 有 护 照 。　　　나는 여권이 있다.

④ 我 有 房 子 。　　　나는 방이 있다.

⑤ 我 有 钱 包 。　　　나는 지갑이 있다.

⑥ 我 有 鼠 标 。　　　나는 마우스가 있다.

다음 주제별 어휘들을 확인하고 문장에 활용해 보세요

가족

- **妈妈** māma
  명 엄마

- **爸爸** bàba
  명 아버지

- **姐姐** jiějie
  명 언니, 누나

- **哥哥** gēge
  명 형, 오빠

- **妹妹** mèimei
  명 여동생

- **弟弟** dìdi
  명 남동생

- **奶奶** nǎinai
  명 할머니

- **爷爷** yéye
  명 할아버지

- **外婆** wàipó
  명 외할머니

- **外公** wàigōng
  명 외할아버지

- **儿子** érzi
  명 아들

- **女儿** nǚ'ér
  명 딸

- **孙子** sūnzǐ
  명 손자

- **孙女** sūnnǚ
  명 손녀

06 在
~에 있다

- **办公室**
  bàngōngshì

  사무실

- **在办公室**
  zài bàngōngshì

  사무실에 있다

- **他在办公室。**
  Tā zài bàngōngshì.

  그는 사무실에 있다.

- **他不在办公室。**
  Tā bú zài bàngōngshì.

  그는 사무실에 없다.

단어 　办公室 bàngōngshì 명 사무실 | 在 zài 동 ~에 있다 | 他 tā 대 그 | 不 bù 부 ~이 아니다

기본 문형

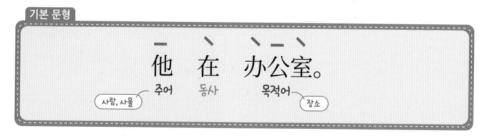

➡ 동사 在는 '~에 있다'라는 뜻으로 목적어가 장소로 쓰여 주어가 어디에 있는지를 나타낼 때 쓰인다. 부정은 부정부사 不를 在 앞에 쓴다.

他在房间里。 그는 방 안에 있다.
Tā zài fángjiānli.

房间 fángjiān 뎽 방, 집 | 里 lǐ 뎽 안

他在电影院。 그는 영화관에 있다.
Tā zài diànyǐngyuàn.

电影院 diànyǐngyuàn 뎽 영화관

他在食堂里。 그는 식당 안에 있다.
Tā zài shítángli.

食堂 shítáng 뎽 식당

他在会议室。 그는 회의실에 있다.
Tā zài huìyìshì.

会议室 huìyìshì 뎽 회의실

他在洗手间。 그는 화장실에 있다.
Tā zài xǐshǒujiān.

洗手间 xǐshǒujiān 뎽 화장실

他在超市里。 그는 슈퍼 안에 있다.
Tā zài chāoshìli.

超市 chāoshì 뎽 슈퍼

다음 중국어에 맞게 성조를 표시하며 말해보세요.

❶ 他 在 房 间 里 。 그는 방 안에 있다.

❷ 他 在 电 影 院 。 그는 영화관에 있다.

❸ 他 在 食 堂 里 。 그는 식당 안에 있다.

❹ 他 在 会 议 室 。 그는 회의실에 있다.

❺ 他 在 洗 手 间 。 그는 화장실에 있다.

❻ 他 在 超 市 里 。 그는 슈퍼 안에 있다.

다음 주제별 어휘들을 확인하고 문장에 활용해 보세요

장소

- **咖啡厅** kāfēitīng
  명 커피숍

- **餐厅** cāntīng
  명 식당

- **快餐厅** kuàicāntīng
  명 패스트푸드점

- **银行** yínháng
  명 은행

- **邮局** yóujú
  명 우체국

- **公司** gōngsī
  명 회사

- **教室** jiàoshì
  명 교실

- **宿舍** sùshè
  명 숙소

- **操场** cāochǎng
  명 운동장

- **卫生间** wèishēngjiān
  명 화장실

- **酒店** jiǔdiàn
  명 호텔

1 다음 한자에 맞는 병음을 써 보세요.

① 中国人 ➡ _____

② 美国人 ➡ _____

③ 日本人 ➡ _____

④ 法国人 ➡ _____

⑤ 越南人 ➡ _____

⑥ 俄国人 ➡ _____

2 아래 문장에서 병음은 한자를, 한자는 병음을 적으세요.

① 我是中国人。 ➡ _____

② Wǒ shì Éguórén. ➡ _____

③ Wǒ yǒu fángzi. ➡ _____

④ 他在电影院。 ➡ _____

답안 1. ① Zhōngguórén ② Měiguórén ③ Rìběnrén ④ Fǎguórén ⑤ Yuènánrén ⑥ Éguórén
2. ① Wǒ shì Zhōngguórén. ② 我是俄国人。 ③ 我有房子。 ④ Tā zài diànyǐngyuàn.

3 다음 오른쪽에 있는 문장을 참고하여 빈칸에 알맞은 단어를 쓰세요.

❶ 我 [____] 朋友。　　　　　나는 친구가 있다.

❷ Wǒ [____] qiánbāo.　　　　我有钱包。

❸ 그는 사무실 [____].　　　　Tā zài bàngōngshì.

❹ 他 [____] 房间里。　　　　그는 방 안에 있다.

4 다음 우리말을 중국어 문장으로 만들어 보세요.

❶ 나는 한국 사람이다. ➡ _____

❷ 나는 여권이 있다. ➡ _____

❸ 그는 식당 안에 있다. ➡ _____

❹ 그는 슈퍼 안에 있다. ➡ _____

답안 3. ① 有 ② yǒu ③ 에 있다 ④ 在
4. ① 我是韩国人。② 我有护照。③ 他在食堂里。④ 他在超市里。

03장

주어의 행위와 심리를 나타내는 필수동사!

학습 목표

1 필수동사의 의미와 종류를 먼저 익힌다.

2 유의어와 반의어끼리 연결하여 익힌다.

3 필수동사 뒤에 자주 오는 목적어를 익힌다.

4 학습한 필수동사를 실생활에 적용해본다.

07 来 / 去
오다 / 가다

来

● **来学校**
　lái xuéxiào

학교에 온다

● **他来学校。**
　Tā lái xuéxiào.

그는 학교에 온다.

去

● **去中国**
　qù Zhōngguó

중국에 간다

● **他去中国。**
　Tā qù Zhōngguó.

그는 중국에 간다.

단어 　**来** lái 동 오다 | **学校** xuéxiào 명 학교 | **他** tā 대 그 | **去** qù 동 가다 | **中国** Zhōngguó 명 중국

기본 문형

他　去　中国。
주어　동사　목적어

➡ 동사란 주어의 구체적인 동작이나 심리를 나타내는 품사이며, 주로 술어의 역할을 한다. 주어가 '가다', '오다'를 말할 때에는 동사 **来, 去**를 써서 주어의 동작을 나타낸다. **来, 去** 동사 뒤에는 장소가 목적어로 온다.

他来公司。
Tā lái gōngsī.

그는 회사에 온다.

公司 gōngsī 명 회사

他来我家。
Tā lái wǒ jiā.

그는 우리 집에 온다.

家 jiā 명 집

他来这儿。
Tā lái zhèr.

그는 여기에 온다.

这儿 zhèr 때 여기, 이곳

他去公园。
Tā qù gōngyuán.

그는 공원에 간다.

公园 gōngyuán 명 공원

他去酒吧。
Tā qù jiǔbā.

그는 술집에 간다.

酒吧 jiǔbā 명 술집

他去书店。
Tā qù shūdiàn.

그는 서점에 간다.

书店 shūdiàn 명 서점

다음 중국어에 맞게 성조를 표시하며 말해보세요.

□□□□
❶ 他 来 公 司 。

그는 회사에 온다.

□□□□
❷ 他 来 我 家 。

그는 우리 집에 온다.

□□□□
❸ 他 来 这 儿 。

그는 여기에 온다.

□□□□
❹ 他 去 公 园 。

그는 공원에 간다.

□□□□
❺ 他 去 酒 吧 。

그는 술집에 간다.

□□□□
❻ 他 去 书 店 。

그는 서점에 간다.

장소

- **火车站** huǒchēzhàn
  명 기차역

- **医院** yīyuàn
  명 병원

- **地铁站** dìtiězhàn
  명 지하철역

- **动物园** dòngwùyuán
  명 동물원

- **公共汽车站** gōnggòng qìchēzhàn
  명 버스 정류장

- **音乐厅** yīnyuètīng
  명 콘서트 홀

- **机场** jīchǎng
  명 공항

- **剧场** jùchǎng
  명 극장

MEMO

08 听 / 说
듣다 / 말하다

听

● **听音乐**
tīng yīnyuè

음악을 듣다

● **他听音乐。**
Tā tīng yīnyuè.

그는 음악을 듣는다.

说

● **说汉语**
shuō Hànyǔ

중국어를 말한다

● **他说汉语。**
Tā shuō Hànyǔ.

그는 중국어를 말한다.

단어 听 tīng 동 듣다 | 音乐 yīnyuè 명 음악 | 说 shuō 동 말하다 | 汉语 Hànyǔ 명 중국어

기본 문형

他　说　汉语。
주어　동사　목적어

➡ 주어가 무엇인가를 들을 때에는 동사 听을, 말할 때에는 동사 说를 쓴다. 부정은 부정부사 不를 동사 听, 说 앞에 쓴다.

他听广播。
Tā tīng guǎngbō.

그는 라디오 방송을 듣는다.

广播 guǎngbō 몡 방송

他听墙根。
Tā tīng qiánggēn.

그는 남의 말을 엿듣는다.

墙根 qiánggēn 몡 벽의 밑

他听演讲。
Tā tīng yǎnjiǎng.

그는 강연을 듣는다.

演讲 yǎnjiǎng 몡 강연

他说英语。
Tā shuō Yīngyǔ.

그는 영어를 말한다.

英语 Yīngyǔ 몡 영어

他说瞎话。
Tā shuō xiāhuà.

그는 거짓말을 말한다.

瞎话 xiāhuà 몡 거짓말

他说直话。
Tā shuō zhíhuà.

그는 솔직하게 말한다.

直话 zhíhuà 몡 솔직한 말, 바른 말

다음 중국어에 맞게 성조를 표시하며 말해보세요.

❶- 他听广播。　　　그는 라디오 방송을 듣는다.

❷- 他听墙根。　　　그는 남의 말을 엿듣는다.

❸- 他听演讲。　　　그는 강연을 듣는다.

❹- 他说英语。　　　그는 영어를 말한다.

❺- 他说瞎话。　　　그는 거짓말을 말한다.

❻- 他说直话。　　　그는 솔직하게 말한다.

다음 주제별 어휘들을 확인하고 문장에 활용해 보세요

화폐

- **韩币** Hánbì
  - 명 한화

- **美元** Měiyuán
  - 명 달러

- **日元** Rìyuán
  - 명 엔화

- **欧元** Ōuyuán
  - 명 유로

언어

- **日语** Rìyǔ
  - 명 일본어

- **韩语** Hányǔ
  - 명 한국어

- **德语** Déyǔ
  - 명 독일어

- **法语** Fǎyǔ
  - 명 프랑스어

MEMO

09

看 / 见
보다 / 만나다

看

- **看电视**
  kàn diànshì

  텔레비전을 본다

- **他看电视。**
  Tā kàn diànshì.

  그는 텔레비전을 본다.

见

- **见爱人**
  jiàn àiren

  부인을 만난다

- **他见爱人。**
  Tā jiàn àiren.

  그는 부인을 만난다.

단어　看 kàn 동 보다 | 电视 diànshì 명 텔레비전 | 见 jiàn 동 보다, 만나다 爱人 àiren 명 남편 또는 아내

기본 문형

$$他\quad 看\quad 电视。$$

주어　　동사　　목적어

➡ 동사 看과 见은 '보다', '만나다'라는 뜻으로 주어가 무언가 보고, 누군가 만나는 것을 나타낼 때 쓰는 동사이다. 여기에서 见은 '만나다'라는 뜻 외에 무언가를 볼 때 '보다'라는 뜻으로도 쓰인다. 부정은 부정부사 不를 동사 看, 见 앞에 쓴다.

他看电影。 그는 영화를 본다.
Tā kàn diànyǐng.

电影 diànyǐng 몡 영화

他看表演。 그는 공연을 본다.
Tā kàn biǎoyǎn.

表演 biǎoyǎn 몡 공연

他看报纸。 그는 신문을 본다.
Tā kàn bàozhǐ.

报纸 bàozhǐ 몡 신문

他见朋友。 그는 친구를 만난다.
Tā jiàn péngyou.

朋友 péngyou 몡 친구

他见同事。 그는 동료를 만난다.
Tā jiàn tóngshì.

同事 tóngshì 몡 (직장) 동료

他见演员。 그는 배우를 만난다.
Tā jiàn yǎnyuán.

演员 yǎnyuán 몡 배우, 연기자

다음 중국어에 맞게 성조를 표시하며 말해보세요.

☐☐☐☐
❶- 他 看 电 影 。　　　그는 영화를 본다.

☐☐☐☐
❷- 他 看 表 演 。　　　그는 공연을 본다.

☐☐☐☐
❸- 他 看 报 纸 。　　　그는 신문을 본다.

☐☐☐☐
❹- 他 见 朋 友 。　　　그는 친구를 만난다.

☐☐☐☐
❺- 他 见 同 事 。　　　그는 동료를 만난다.

☐☐☐☐
❻- 他 见 演 员 。　　　그는 배우를 만난다.

다음 주제별 어휘들을 확인하고 문장에 활용해 보세요

신분

- **女朋友** nǚpéngyou
  명 여자친구

- **男朋友** nánpéngyou
  명 남자친구

- **丈夫** zhàngfu
  명 남편

- **顾客** gùkè
  명 고객

- **面试官** miànshīguān
  명 면접관

소지품

- **信用卡** xìnyòngkǎ
  명 신용카드

- **笔记本电脑** bǐjìběn diànnǎo
  명 노트북

- **手提包** shǒutíbāo
  명 핸드백

- **化妆品** huàzhuāngpǐn
  명 화장품

- **口红** kǒuhóng
  명 립스틱

- **发粉** fàfěn
  명 파우더

10 吃 / 喝
먹다 / 마시다

吃

- **吃米饭**
  chī mǐfàn

  쌀밥을 먹는다

- **我吃米饭。**
  Wǒ chī mǐfàn.

  나는 쌀밥을 먹는다.

喝

- **喝可乐**
  hē kělè

  콜라를 마신다

- **我喝可乐。**
  Wǒ hē kělè.

  나는 콜라를 마신다.

단어 吃 chī 동 먹다 | 米饭 mǐfàn 명 쌀밥 | 我 wǒ 대 나 | 喝 hē 동 마시다 | 可乐 kělè 명 콜라

기본 문형

➡ 주어가 무엇을 '먹다'라는 것을 나타낼 때에는 동사 吃를, '마시다'라는 것을 나타낼 때에는 동사 喝를 쓴다. 부정은 부정부사 不를 동사 吃, 喝 앞에 쓴다.

我吃面条。 나는 국수를 먹는다.
Wǒ chī miàntiáo.

面条 miàntiáo 명 국수

我吃炒饭。 나는 볶음밥을 먹는다.
Wǒ chī chǎofàn.

炒饭 chǎofàn 명 볶음밥

我吃点心。 나는 간식을 먹는다.
Wǒ chī diǎnxīn.

点心 diǎnxīn 명 간식

我喝咖啡。 나는 커피를 마신다.
Wǒ hē kāfēi.

咖啡 kāfēi 명 커피

我喝红茶。 나는 홍차를 마신다.
Wǒ hē hóngchá.

红茶 hóngchá 명 홍차

我喝啤酒。 나는 맥주를 마신다.
Wǒ hē píjiǔ.

啤酒 píjiǔ 명 맥주

다음 중국어에 맞게 성조를 표시하며 말해보세요.

❶ 我 吃 面 条 。　　　나는 국수를 먹는다.

❷ 我 吃 炒 饭 。　　　나는 볶음밥을 먹는다.

❸ 我 吃 点 心 。　　　나는 간식을 먹는다.

❹ 我 喝 咖 啡 。　　　나는 커피를 마신다.

❺ 我 喝 红 茶 。　　　나는 홍차를 마신다.

❻ 我 喝 啤 酒 。　　　나는 맥주를 마신다.

다음 주제별 어휘들을 확인하고 문장에 활용해 보세요

차

- **绿茶** lǜchá
  명 녹차

- **乌龙茶** wūlóngchá
  명 우롱차

- **美式咖啡** měishì kāfēi
  명 아메리카노

- **拿铁咖啡** nátiě kāfēi
  명 까페라떼

술

- **烧酒** shāojiǔ
  명 소주

- **白酒** báijiǔ
  명 바이주

- **葡萄酒** pútáojiǔ
  명 와인

- **爆弹酒** bàodànjiǔ
  명 폭탄주

MEMO

写 / 学
쓰다 / 배우다

写

●— **写汉字**
xiě Hànzì

한자를 쓰다

●— **我写汉字。**
Wǒ xiě Hànzì.

나는 한자를 쓴다.

学

●— **学外语**
xué wàiyǔ

외국어를 배우다

●— **我学外语。**
Wǒ xué wàiyǔ.

나는 외국어를 배운다.

> **단어** **写** xiě 통 쓰다 | **汉字** Hànzì 명 한자 | **我** wǒ 대 나 | **学** xué 통 배우다 | **外语** wàiyǔ 명 외국어

기본 문형

$$ 我 \quad 学 \quad 外语。 $$

주어 　　 동사 　　 목적어

➡ 주어가 무엇인가를 '쓰다'라고 표현할 때에는 동사 **写**를 쓰며, 배우는 것을 말하고 싶을 때에는 '배우다'의 동사 **学**를 쓴다. **学**는 주로 학습하여 배우는 것을 나타낼 때 쓰인다. 부정은 부정부사 **不**를 동사 **写**와 **学** 앞에 쓴다.

我写报告。 나는 보고서를 쓴다.
Wǒ xiě bàogào.

报告 bàogào 몡 보고서

我写书法。 나는 서예를 쓴다.
Wǒ xiě shūfǎ.

书法 shūfǎ 몡 서예

我写情书。 나는 연애편지를 쓴다.
Wǒ xiě qíngshū.

情书 qíngshū 몡 연애편지

我学技术。 나는 기술을 배운다.
Wǒ xué jìshù.

技术 jìshù 몡 기술

我学游泳。 나는 수영을 배운다.
Wǒ xué yóuyǒng.

游泳 yóuyǒng 몡 수영

我学跳舞。 나는 춤을 배운다.
Wǒ xué tiàowǔ.

跳舞 tiàowǔ 몡 춤

❶— 我 写 报 告 。　　　나는 보고서를 쓴다.

❷— 我 写 书 法 。　　　나는 서예를 쓴다.

❸— 我 写 情 书 。　　　나는 연애편지를 쓴다.

❹— 我 学 技 术 。　　　나는 기술을 배운다.

❺— 我 学 游 泳 。　　　나는 수영을 배운다.

❻— 我 学 跳 舞 。　　　나는 춤을 배운다.

다음 주제별 어휘들을 확인하고 문장에 활용해 보세요

독서

- **作文** zuòwén
  명 작문

- **小说** xiǎoshuō
  명 소설

- **台本** táiběn
  명 대본

- **书** shū
  명 책

음악

- **音乐** yīnyuè
  명 음악

- **京剧** jīngjù
  명 경극

- **录音** lùyīn
  명 녹음

- **歌** gē
  명 노래

MEMO

12 做 / 坐
하다 / 타다

● **做早饭**
zuò zǎofàn

아침 밥을 만들다

● **她做早饭。**
Tā zuò zǎofàn.

그녀는 아침 밥을 만든다.

坐

● **坐汽车**
zuò qìchē

자동차를 타다

● **她坐汽车。**
Tā zuò qìchē.

그녀는 자동차를 탄다.

단어   做 zuò 동 하다, 만들다 | 早饭 zǎofàn 명 아침 밥 | 她 tā 대 그녀 | 坐 zuò 동 타다 | 汽车 qìchē 명 자동차

기본 문형

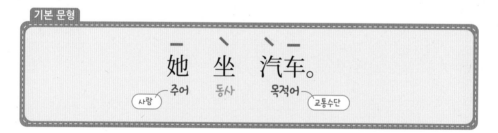

➡ 동사 做는 '하다', '만들다'라는 뜻으로 주어가 어떠한 동작을 하는 것을 나타낼 때 가장 많이 쓰이며, 坐는 '타다'라는 뜻으로 버스, 지하철 등 교통수단을 탈 때 쓰인다. 坐는 '타다' 외에 '앉다'라는 뜻으로도 자주 쓰인다. 부정은 부정부사 不를 做와 坐 앞에 쓴다.

她做生意。 그녀는 사업을 한다.
Tā zuò shēngyi.

生意 shēngyi 명 사업, 장사

她做作业。 그녀는 숙제를 한다.
Tā zuò zuòyè.

作业 zuòyè 명 숙제

她做衣服。 그녀는 옷을 만든다.
Tā zuò yīfu.

衣服 yīfu 명 옷

她坐飞机。 그녀는 비행기를 탄다.
Tā zuò fēijī.

飞机 fēijī 명 비행기

她坐地铁。 그녀는 지하철을 탄다.
Tā zuò dìtiě.

地铁 dìtiě 명 지하철

她坐火车。 그녀는 기차를 탄다.
Tā zuò huǒchē.

火车 huǒchē 명 기차

다음 중국어에 맞게 성조를 표시하며 말해보세요.

❶ 她 做 生 意 。

그녀는 사업을 한다.

❷ 她 做 作 业 。

그녀는 숙제를 한다.

❸ 她 做 衣 服 。

그녀는 옷을 만든다.

❹ 她 坐 飞 机 。

그녀는 비행기를 탄다.

❺ 她 坐 地 铁 。

그녀는 지하철을 탄다.

❻ 她 坐 火 车 。

그녀는 기차를 탄다.

교통수단

- **公共汽车** gōnggòng qìchē
  명 버스

- **自行车** zìxíngchē
  명 자전거

- **摩托车** mótuōchē
  명 오토바이

- **船** chuán
  명 배

- **出租车** chūzūchē
  명 택시

- **高速铁路** gāosù tiělù
  명 고속철도

- **国内航班** guónèi hángbān
  명 국내선

- **国际航班** guójì hángbān
  명 국제선

MEMO

买 / 卖
사다 / 팔다

买 ──────────────────────────────────

⊷ **买手机**
　mǎi shǒujī

휴대전화를 사다

⊷ **她买手机。**
　Tā mǎi shǒujī.

그녀는 휴대전화를 산다.

卖 ──────────────────────────────────

⊷ **卖水果**
　mài shuǐguǒ

과일을 팔다

⊷ **她卖水果。**
　Tā mài shuǐguǒ.

그녀는 과일을 판다.

단어 ┃ 买 mǎi 동 사다 ┃ **手机** shǒujī 명 휴대전화 ┃ **她** tā 대 그녀 ┃ **卖** mài 동 팔다 ┃ **水果** shuǐguǒ 명 과일

기본 문형

$$\bar{她} \quad \acute{买} \quad \check{手}\bar{机}。$$

주어　　동사　　목적어

➡ 어떠한 물건이나 사물을 사고 팔 때에는 '사다'의 买를 '팔다'의 卖 동사를 쓴다. 买와 卖는 서로 반의어로, 买卖는 '매매', '장사', '사고 팔다'의 의미를 나타낸다. 부정은 부정부사 不를 买와 卖 앞에 쓴다.

문장 패턴

她买饭菜。 그녀는 반찬을 산다.
Tā mǎi fàncài.

饭菜 fàncài 명 반찬

她买东西。 그녀는 물건을 산다.
Tā mǎi dōngxi.

东西 dōngxi 명 물건

她买项链。 그녀는 목걸이를 산다.
Tā mǎi xiàngliàn.

项链 xiàngliàn 명 목걸이

她卖袜子。 그녀는 양말을 판다.
Tā mài wàzi.

袜子 wàzi 명 양말

她卖帽子。 그녀는 모자를 판다.
Tā mài màozi.

帽子 màozi 명 모자

她卖手表。 그녀는 손목시계를 판다.
Tā mài shǒubiǎo.

手表 shǒubiǎo 명 손목시계

다음 중국어에 맞게 성조를 표시하며 말해보세요.

❶ — 她 买 饭 菜 。　　　그녀는 반찬을 산다.

❷ — 她 买 东 西 。　　　그녀는 물건을 산다.

❸ — 她 买 项 链 。　　　그녀는 목걸이를 산다.

❹ — 她 卖 袜 子 。　　　그녀는 양말을 판다.

❺ — 她 卖 帽 子 。　　　그녀는 모자를 판다.

❻ — 她 卖 手 表 。　　　그녀는 손목시계를 판다.

다음 주제별 어휘들을 확인하고 문장에 활용해 보세요

과일

- **香蕉** xiāngjiāo
  명 바나나

- **西瓜** xīguā
  명 수박

- **草莓** cǎoméi
  명 딸기

- **梨** lí
  명 배

- **苹果** píngguǒ
  명 사과

- **橙子** chéngzi
  명 오렌지

- **葡萄** pútáo
  명 포도

- **桃子** táozi
  명 복숭아

- **西红柿** xīhóngshì
  명 토마토

- **柿子** shìzi
  명 감

- **橘子** júzi
  명 귤

14 喜欢 / 讨厌
좋아하다 / 싫어하다

喜欢

● **喜欢面包**
xǐhuan miànbāo

빵을 좋아하다

● **他喜欢面包。**
Tā xǐhuan miànbāo.

그는 빵을 좋아한다.

讨厌

● **讨厌牛肉**
tǎoyàn niúròu

소고기를 싫어하다

● **他讨厌牛肉。**
Tā tǎoyàn niúròu.

그는 소고기를 싫어한다.

단어　喜欢 xǐhuan 동 좋아하다 | 面包 miànbāo 명 빵 | 讨厌 tǎoyàn 동 싫어하다 | 牛肉 niúròu 명 소고기

기본 문형

他　　喜欢　　面包。
주어　　동사　　목적어

➡ 喜欢은 '좋아하다', 讨厌은 '싫어하다'의 의미로 주어의 심리를 나타내고자 할 때 쓰이는 동사이며 서로 반의어이다. 부정은 부정부사 不를 喜欢과 讨厌 앞에 쓴다.

他喜欢棒球。
Tā xǐhuan bàngqiú.

그는 야구를 좋아한다.

棒球 bàngqiú 명 야구

他喜欢海边。
Tā xǐhuan hǎibiān.

그는 해변을 좋아한다.

海边 hǎibiān 명 해변

他喜欢婴儿。
Tā xǐhuan yīng'ér.

그는 갓난아기를 좋아한다.

婴儿 yīng'ér 명 갓난아기

他讨厌动物。
Tā tǎoyàn dòngwù.

그는 동물을 싫어한다.

动物 dòngwù 명 동물

他讨厌运动。
Tā tǎoyàn yùndòng.

그는 운동을 싫어한다.

运动 yùndòng 명 운동

他讨厌虫子。
Tā tǎoyàn chóngzi.

그는 벌레를 싫어한다.

虫子 chóngzi 명 벌레

다음 중국어에 맞게 성조를 표시하며 말해보세요.

❶– 他 喜 欢 棒 球。　　그는 야구를 좋아한다.

❷– 他 喜 欢 海 边。　　그는 해변을 좋아한다.

❸– 他 喜 欢 婴 儿。　　그는 갓난아기를 좋아한다.

❹– 他 讨 厌 动 物。　　그는 동물을 싫어한다.

❺– 他 讨 厌 运 动。　　그는 운동을 싫어한다.

❻– 他 讨 厌 虫 子。　　그는 벌레를 싫어한다.

다음 주제별 어휘들을 확인하고 문장에 활용해 보세요

동물

- **宠物** chǒngwù
  명 애완동물

- **狗** gǒu
  명 개

- **猫** māo
  명 고양이

- **牛** niú
  명 소

- **马** mǎ
  명 말

- **猪** zhū
  명 돼지

- **鸡** jī
  명 닭

- **鸟** niǎo
  명 새

- **鸽子** gēzi
  명 비둘기

- **鸭子** yāzi
  명 오리

- **老鼠** lǎoshǔ
  명 쥐

- **蛇** shé
  명 뱀

- **老虎** lǎohǔ
  명 호랑이

- **狮子** shīzi
  명 사자

- **龙** lóng
  명 용

1 다음 한자에 맞는 병음을 써 보세요.

① 酒吧 ➡ _____

② 英语 ➡ _____

③ 报纸 ➡ _____

④ 朋友 ➡ _____

⑤ 游泳 ➡ _____

⑥ 东西 ➡ _____

2 아래 문장에서 병음은 한자를, 한자는 병음을 적으세요.

① 他去公园。 ➡ _____

② Tā tīng guǎngbō. ➡ _____

③ Wǒ chī miàntiáo. ➡ _____

④ 我学技术。 ➡ _____

답안 1. ① jiǔbā ② Yīngyǔ ③ bàozhǐ ④ péngyou ⑤ yóuyǒng ⑥ dōngxi
2. ① Tā qù gōngyuán. ② 他听广播。 ③ 我吃面条。 ④ Wǒ xué jìshù.

3 다음 오른쪽에 있는 문장을 참고하여 빈칸에 알맞은 단어를 쓰세요.

❶ 他 [   ] 公司。　　　　　그가 회사에 온다.

❷ Wǒ [   ] kāfēi.　　　　　我喝咖啡。

❸ 나는 보고서를 [   ].　　　Wǒ xiě bàogào.

❹ 他 [   ] 棒球。　　　　　그는 야구를 좋아한다.

4 다음 우리말을 중국어 문장으로 만들어 보세요.

❶ 그가 우리 집에 온다. ➡ _____

❷ 나는 맥주를 마신다. ➡ _____

❸ 그녀는 사업을 한다. ➡ _____

❹ 그녀는 지하철을 탄다. ➡ _____

답안 3. ① 来　② hē　③ 쓴다　④ 喜欢
　　　4. ① 他来我家。② 我喝啤酒。③ 她做生意。④ 她坐地铁。

04장

목적어와 인연이 없는 형용사!

학습 목표

1 형용사의 의미를 익힌다.

2 형용사의 위치를 익힌다.

3 실생활에 자주 쓰이는 형용사의 종류를 익힌다.

4 서로 상반되는 의미의 형용사끼리 익힌다.

好 / 坏
좋다 / 나쁘다 (고장나다, 상하다)

好 ────────────────────────

●─ **很好**　　　　　　　　매우 좋다
　　hěn hǎo

●─ **身体很好。**　　　　　건강이 매우 좋다.
　　Shēntǐ hěn hǎo.

坏 ────────────────────────

●─ **坏了**　　　　　　　　고장 났다
　　huài le

●─ **电脑坏了。**　　　　　컴퓨터가 고장 났다.
　　Diànnǎo huài le.

> **단어**　很 hěn 톤 매우, 정말 | 好 hǎo 혱 좋다 | 身体 shēntǐ 몡 건강, 몸 | 坏 huài 혱 고장나다, 나쁘다
> 了 le 조 문장 끝에 쓰여 상태의 변화를 나타냄 | 电脑 diànnǎo 몡 컴퓨터

> **기본 문형**
>
> $\bar{\ }$　$\vee$　$\diagup$　$\vee$
> **身体　很　好。**
> 　주어　　부사　형용사

➡ 형용사란 주어의 성질과 상태를 묘사해주는 품사이며, 술어의 역할을 주로 한다. 또한 형용사 술어 앞에는 **很, 非常**과 같은 부사가 함께 쓰여 형용사를 수식한다. 주어의 좋고 나쁨을 묘사할 때에는 형용사 **好, 坏**를 쓴다. **坏**는 '나쁘다'는 뜻 외에도 '고장나다', '상하다'라는 뜻으로도 자주 쓰이는데, 이때 문장 끝에 **了**가 자주 온다. 부정은 부정부사 **不**를 **好, 坏** 앞에 쓴다.

关系很好。
Guānxi hěn hǎo.

관계가 정말 좋다.

关系 guānxi 명 관계

结果很好。
Jiéguǒ hěn hǎo.

결과가 매우 좋다.

结果 jiéguǒ 명 결과

天气很好。
Tiānqì hěn hǎo.

날씨가 정말 좋다.

天气 tiānqì 명 날씨

水果坏了。
Shuǐguǒ huài le.

과일이 상했다.

水果 shuǐguǒ 명 과일

眼镜坏了。
Yǎnjìng huài le.

안경이 고장 났다.

眼镜 yǎnjìng 명 안경

电梯坏了。
Diàntī huài le.

엘리베이터가 고장 났다.

电梯 diàntī 명 엘리베이터

다음 중국어에 맞게 성조를 표시하며 말해보세요.

☐☐☐☐
❶- 关 系 很 好 。   관계가 정말 좋다.

☐☐☐☐
❷- 结 果 很 好 。   결과가 매우 좋다.

☐☐☐☐
❸- 天 气 很 好 。   날씨가 정말 좋다.

☐☐☐☐
❹- 水 果 坏 了 。   과일이 상했다.

☐☐☐☐
❺- 眼 镜 坏 了 。   안경이 고장 났다.

☐☐☐☐
❻- 电 梯 坏 了 。   엘리베이터가 고장 났다.

다음 주제별 어휘들을 확인하고 문장에 활용해 보세요

계절

- **春天** chūntiān
  명 봄

- **夏天** xiàtiān
  명 여름

- **秋天** qiūtiān
  명 가을

- **冬天** dōngtiān
  명 겨울

- **四季** sìjì
  명 사계절

날씨

- **暖和** nuǎnhuo
  형 따뜻하다

- **凉快** liángkuai
  형 시원하다

- **冷** lěng
  형 춥다

- **热** rè
  형 덥다

- **阴** yīn
  형 흐리다

- **晴** qíng
  형 맑다

- **刮风** guāfēng
  동 바람이 불다

- **下雨** xiàyǔ
  동 비가 내리다

- **下雪** xiàxuě
  동 눈이 내리다

16 贵 / 便宜

비싸다 / 싸다

贵

● **很贵**
  hěn guì

  매우 비싸다

● **这个东西很贵。**
  Zhè ge dōngxi hěn guì.

  이 물건은 매우 비싸다.

便宜

● **很便宜**
  hěn piányi

  매우 싸다

● **圆珠笔很便宜。**
  Yuánzhūbǐ hěn piányi.

  볼펜이 매우 싸다.

단어 很 hěn 뷔 매우 | 贵 guì 혱 비싸다 | 这 zhè 떼 이, 이것 | 个 gè 양 개(물건을 세는 양사)
     东西 dōngxi 몡 물건 | 便宜 piányi 혱 싸다 | 圆珠笔 yuánzhūbǐ 몡 볼펜

기본 문형

$$\text{这个东西} \quad \text{很} \quad \text{贵。}$$

这个东西　　很　贵。
　주어　　　부사　형용사

➡ 가격이 싸고, 비쌈을 묘사할 때에는 형용사 **贵, 便宜**를 쓴다. **贵**는 '비싸다', **便宜**는 '싸다'이며,
부정은 부정부사 **不**를 **贵**와 **便宜** 앞에 쓴다.

办公用品很贵。
Bàngōng yòngpǐn hěn guì.

사무용품이 정말 비싸다.

办公用品 bàngōng yòngpǐn 평 사무용품

平板电脑很贵。
Píngbǎn diànnǎo hěn guì.

태블릿 PC가 정말 비싸다.

平板电脑 píngbǎn diànnǎo 평 태블릿 PC

智能手机很贵。
Zhìnéng shǒujī hěn guì.

스마트폰이 정말 비싸다.

智能手机 zhìnéng shǒujī 평 스마트폰

中国菜很便宜。
Zhōngguó cài hěn piányi.

중국요리는 정말 싸다.

菜 cài 평 요리

这本书很便宜。
Zhè běn shū hěn piányi.

이 책은 정말 싸다.

本 běn 평 권(책을 세는 양사) | 书 shū 평 책

玫瑰花很便宜。
Méiguīhuā hěn piányi.

장미가 정말 싸다.

玫瑰花 méiguīhuā 평 장미

다음 중국어에 맞게 성조를 표시하며 말해보세요.

☐☐☐☐☐☐
❶- 办公用品很贵。　　사무용품이 정말 비싸다.

☐☐☐☐☐☐
❷- 平板电脑很贵。　　태블릿 PC가 정말 비싸다.

☐☐☐☐☐☐
❸- 智能手机很贵。　　스마트폰이 정말 비싸다.

☐☐☐☐☐☐
❹- 中国菜很便宜。　　중국요리는 정말 싸다.

☐☐☐☐☐☐
❺- 这本书很便宜。　　이 책은 정말 싸다.

☐☐☐☐☐☐
❻- 玫瑰花很便宜。　　장미가 정말 싸다.

다음 주제별 어휘들을 확인하고 문장에 활용해 보세요

악세사리

- **戒指** jièzhi
  명 반지

- **耳环** ěrhuán
  명 귀고리

- **手串** shǒuchuàn
  명 팔찌

- **头带** tóudài
  명 머리띠

사물

- **手表** shǒubiǎo
  명 손목시계

- **闹钟** nàozhōng
  명 자명종

- **花篮** huālán
  명 꽃바구니

MEMO

17 难 / 容易
어렵다 / 쉽다

难

非常难
fēicháng nán

매우 어렵다

面试非常难。
Miànshì fēicháng nán.

면접은 매우 어렵다.

容易

很容易
hěn róngyì

매우 쉽다

开车很容易。
Kāichē hěn róngyì.

운전은 매우 쉽다.

단어 | **非常** fēicháng ⑨ 매우 | **难** nán ⑨ 어렵다 | **面试** miànshì ⑨ 면접 | **很** hěn ⑨ 매우 | **容易** róngyì ⑨ 쉽다 | **开车** kāichē ⑤ 운전하다

기본 문형

开车　很　容易。
주어　부사　형용사

명사 외에 동사도 주어로 쓰일 수 있다.

➡ 형용사 **难**은 '어렵다', **容易**는 '쉽다'의 의미이며, 부정은 부정부사 **不**를 **难**과 **容易** 앞에 쓴다.

赚钱非常难。 돈을 버는 것은 매우 어렵다.
Zhuànqián fēicháng nán.

赚钱 zhuànqián 통 돈을 벌다

戒烟非常难。 금연은 정말 힘들다.
Jièyān fēicháng nán.

戒烟 jièyān 통 금연을 하다

减肥非常难。 다이어트는 매우 어렵다.
Jiǎnféi fēicháng nán.

减肥 jiǎnféi 통 다이어트하다

打字很容易。 타자를 치는 것은 정말 쉽다.
Dǎzì hěn róngyì.

打字 dǎzì 통 타자를 치다

游泳很容易。 수영은 매우 쉽다.
Yóuyǒng hěn róngyì.

游泳 yóuyǒng 명통 수영(하다)

恋爱很容易。 연애는 정말 쉽다.
Liàn'ài hěn róngyì.

恋爱 liàn'ài 명 연애

다음 중국어에 맞게 성조를 표시하며 말해보세요.

☐☐☐☐☐

❶- 赚 钱 非 常 难 。 돈을 버는 것은 매우 어렵다.

☐☐☐☐☐

❷- 戒 烟 非 常 难 。 금연은 정말 힘들다.

☐☐☐☐☐

❸- 减 肥 非 常 难 。 다이어트는 매우 어렵다.

☐☐☐☐☐

❹- 打 字 很 容 易 。 타자를 치는 것은 정말 쉽다.

☐☐☐☐☐

❺- 游 泳 很 容 易 。 수영은 매우 쉽다.

☐☐☐☐☐

❻- 恋 爱 很 容 易 。 연애는 정말 쉽다.

다음 주제별 어휘들을 확인하고 문장에 활용해 보세요

관광지

- **颐和园** Yíhéyuán
  圐 이화원

- **故宫** gùgōng
  圐 고궁

- **南山** Nánshān
  圐 남산

- **景福宫** Jǐngfúgōng
  圐 경복궁

- **光化门** Guānghuàmén
  圐 광화문

휴양지

- **湖** hú
  圐 호수

- **儿童乐园** értóng lèyuán
  圐 어린이 놀이동산

- **游泳场** yóuyǒngcháng
  圐 수영장

- **温泉** wēnquán
  圐 온천

MEMO

18 大 / 多
크다 / 많다

● **太大**
tài dà

너무 크다

● **公司太大。**
Gōngsī tài dà.

회사가 너무 크다.

● **太多**
tài duō

너무 많다

● **职员太多。**
Zhíyuán tài duō.

직원이 너무 많다.

단어 **太** tài 🄫 너무 | **大** dà 🄬 크다 | **公司** gōngsī 🄝 회사 | **多** duō 🄬 많다 | **职员** zhíyuán 🄝 직원

기본 문형

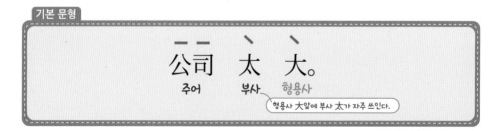

公司 太 大。
주어 부사 형용사
형용사 大 앞에 부사 太 가 자주 쓰인다.

➡ 형용사 大는 '크다'라는 의미로 사람이나 사물의 크기가 클 때 쓰이고, 나이가 많음을 나타낼 때에도 쓴다. 大의 반의어는 '작다' 小(xiǎo)이다. 형용사 多는 '많다'의 의미이며, 사람이나 사물의 양이 많음을 나타낼 때 쓰며, 반의어는 '적다' 少(shǎo)이다. 부정은 부정부사 不를 大와 多 앞에 쓴다.

98 •

房间太大。 집이 너무 크다.
Fángjiān tài dà.

房间 fángjiān 똉 집, 방

公园太大。 공원이 너무 크다.
Gōngyuán tài dà.

公园 gōngyuán 똉 공원

年龄太大。 나이가 너무 많다.
Niánlíng tài dà.

年龄 niánlíng 똉 나이

宠物太多。 애완동물이 너무 많다.
Chǒngwù tài duō.

宠物 chǒngwù 똉 애완동물

灰尘太多。 먼지가 너무 많다.
Huīchén tài duō.

灰尘 huīchén 똉 먼지

游客太多。 여행객이 너무 많다.
Yóukè tài duō.

游客 yóukè 똉 여행객

다음 중국어에 맞게 성조를 표시하며 말해보세요.

☐☐☐☐

❶ 房间太大。 집이 너무 크다.

☐☐☐☐

❷ 公园太大。 공원이 너무 크다.

☐☐☐☐

❸ 年龄太大。 나이가 너무 많다.

☐☐☐☐

❹ 宠物太多。 애완동물이 너무 많다.

☐☐☐☐

❺ 灰尘太多。 먼지가 너무 많다.

☐☐☐☐

❻ 游客太多。 여행객이 너무 많다.

다음 주제별 어휘들을 확인하고 문장에 활용해 보세요

회사

- **上班** shàngbān
  통 출근하다

- **下班** xiàbān
  통 퇴근하다

- **打卡** dǎkǎ
  출퇴근 카드

- **迟到** chídào
  통 지각하다

- **周5日制** zhōu wǔ rì zhì
  주 5일제

- **董事长** dǒngshìzhǎng
  명 회장

- **代表** dàibiǎo
  명 대표

- **秘书** mìshū
  명 비서

- **部长** bùzhǎng
  명 부장

- **科长** kēzhǎng
  명 과장

- **职员** zhíyuán
  명 사원

19 长 / 高
길다 / 높다

长

很长 — 매우 길다
hěn cháng

长城很长。 — 만리장성이 매우 길다.
Chángchéng hěn cháng.

高

很高 — 매우 높다
hěn gāo

个子很高。 — 키가 매우 크다.
Gèzi hěn gāo.

단어　很 hěn 부 매우 | 长 cháng 형 길다 | 长城 Chángchéng 명 만리장성 | 高 gāo 형 높다 | 个子 gèzi 명 키

기본 문형

长城　很　长。
주어　부사　형용사

➡ 형용사 长은 '길다'는 의미로 사물의 길이를 나타낼 때 쓰이는데, zhǎng의 발음으로 '자라다', '성장하다'라는 의미로도 자주 쓰인다. 长의 반의어는 '짧다'의 短(duǎn)이다. 형용사 高는 '높다'의 의미로 사물이 높거나 품질, 수준이 높은 것을 나타낼 때 쓰이며, 반의어는 '작다', '낮다'의 矮(ǎi)이다. 부정은 부정부사 不를 长과 高 앞에 쓴다.

头发很长。
Tóufa hěn cháng.

머리카락이 매우 길다.

头发 tóufa 몡 머리카락

火车很长。
Huǒchē hěn cháng.

기차가 매우 길다.

火车 huǒchē 몡 기차

假期很长。
Jiàqī hěn cháng.

휴가가 매우 길다.

假期 jiàqī 몡 휴가

气温很高。
Qìwēn hěn gāo.

기온이 매우 높다.

气温 qìwēn 몡 기온

条件很高。
Tiáojiàn hěn gāo.

조건이 매우 높다.

条件 tiáojiàn 몡 조건

物价很高。
Wùjià hěn gāo.

물가가 매우 높다.

物价 wùjià 몡 물가

다음 중국어에 맞게 성조를 표시하며 말해보세요.

☐☐☐☐

❶– 头 发 很 长 。   머리카락이 매우 길다.

☐☐☐☐

❷– 火 车 很 长 。   기차가 매우 길다.

☐☐☐☐

❸– 假 期 很 长 。   휴가가 매우 길다.

☐☐☐☐

❹– 气 温 很 高 。   기온이 매우 높다.

☐☐☐☐

❺– 条 件 很 高 。   조건이 매우 높다.

☐☐☐☐

❻– 物 价 很 高 。   물가가 매우 높다.

다음 주제별 어휘들을 확인하고 문장에 활용해 보세요

요일

- **星期一** xīngqīyī
  명 월요일

- **星期二** xīngqī'èr
  명 화요일

- **星期三** xīngqīsān
  명 수요일

- **星期四** xīngqīsì
  명 목요일

- **星期五** xīngqīwǔ
  명 금요일

- **星期六** xīngqīliù
  명 토요일

- **星期日** xīngqīrì
  명 일요일

- **星期天** xīngqītiān
  명 일요일

날짜

- **年** nián
  명 년

- **月** yuè
  명 월

- **号** háo
  명 일

- **日** rì
  명 일

- **月初** yuèchū
  명 월초

- **月中** yuèzhōng
  명 중순

- **月底** yuèdǐ
  명 월말

20 快 / 慢
빠르다 / 느리다

快

● **很快**
hěn kuài

매우 빠르다

● **飞机很快。**
Fēijī hěn kuài.

비행기가 매우 빠르다.

慢

● **很慢**
hěn màn

매우 느리다

● **发展很慢。**
Fāzhǎn hěn màn.

발전이 매우 느리다.

단어   很 hěn 甼 매우 | 快 kuài 혱 빠르다 | 飞机 fēijī 몡 비행기 | 慢 màn 혱 느리다 | 发展 fāzhǎn 몡 발전

기본 문형

飞机　很　快。
주어　　부사　형용사

➡ 동작이나 속도가 빠르고 느림을 나타내고자 할 때, 형용사 '빠르다'라는 의미의 快를 '느리다' 라는 의미의 慢을 쓴다. 부정은 부정부사 不를 快와 慢 앞에 쓴다.

★ 시간이 이르거나 늦음을 나타낼 때는 '이르다'의 早(zǎo)와 '느리다'의 晚(wǎn)을 쓴다.

兔子很快。
Tùzi hěn kuài.

토끼가 매우 빠르다.

兔子 tùzi 몡 토끼

速度很快。
Sùdù hěn kuài.

속도가 매우 빠르다.

速度 sùdù 몡 속도

时间很快。
Shíjiān hěn kuài.

시간이 매우 빠르다.

时间 shíjiān 몡 시간

地铁很慢。
Dìtiě hěn màn.

지하철이 매우 느리다.

地铁 dìtiě 몡 지하철

网速很慢。
Wǎngsù hěn màn.

인터넷 속도가 매우 느리다.

网速 wǎngsù 몡 인터넷 속도

反应很慢。
Fǎnyìng hěn màn.

반응이 매우 느리다.

反应 fǎnyìng 몡 반응

다음 중국어에 맞게 성조를 표시하며 말해보세요.

① ☐☐☐☐
  兔 子 很 快 。   토끼가 매우 빠르다.

② ☐☐☐☐
  速 度 很 快 。   속도가 매우 빠르다.

③ ☐☐☐☐
  时 间 很 快 。   시간이 매우 빠르다.

④ ☐☐☐☐
  地 铁 很 慢 。   지하철이 매우 느리다.

⑤ ☐☐☐☐
  网 速 很 慢 。   인터넷 속도가 매우 느리다.

⑥ ☐☐☐☐
  反 应 很 慢 。   반응이 매우 느리다.

다음 주제별 어휘들을 확인하고 문장에 활용해 보세요

시간

- **点** diǎn
  양 시, 시간

- **分** fēn
  양 분

- **刻** kè
  양 15분

- **分钟** fēnzhōng
  명 분

- **差** chà
  형 부족하다

- **闹钟** nàozhōng
  명 자명종

- **表** biǎo
  명 시계

하루 일과

- **早上** zǎoshang
  명 아침

- **晚上** wǎnshang
  명 저녁

- **起床** qǐchuáng
  동 일어나다

- **睡觉** shuìjiào
  동 잠자다

- **睡懒觉** shuì lǎnjiào
  동 늦잠을 자다

- **早起** zǎoqǐ
  동 일찍 일어나다

- **睡眠不足** shuìmián bùzú
  명 수면 부족

高兴
기쁘다

- **高兴**
  gāoxìng

  기쁘다

- **很高兴**
  hěn gāoxìng

  매우 기쁘다

- **买了衣服，很高兴**
  mǎi le yīfu, hěn gāoxìng

  옷을 사서, 매우 기쁘다

- **我买了衣服，很高兴。**
  Wǒ mǎi le yīfu, hěn gāoxìng.

  나는 옷을 사서, 매우 기쁘다.

단어　高兴 gāoxìng 혱 기쁘다 | 很 hěn 뷔 매우 | 买 mǎi 뚱 사다 | 了 le 조 완료를 나타내는 조사
衣服 yīfu 몡 옷 | 我 wǒ 대 나

기본 문형

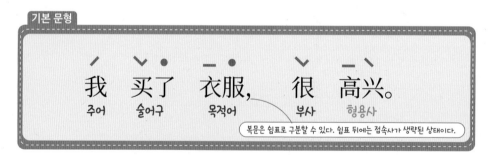

我　买了　衣服，　很　高兴。
주어　술어구　목적어　부사　형용사

복문은 쉼표로 구분할 수 있다. 쉼표 뒤에는 접속사가 생략된 상태이다.

➡ 기쁨을 나타내고자 할 때에는 '기쁘다'는 의미의 형용사 **高兴**을 쓴다. 이 밖에 '행복하다'는
의미의 **幸福**(xìngfú)도 있다.

我得到了结果，很高兴。
Wǒ dédào le jiéguǒ, hěn gāoxìng.

나는 결과를 얻어서, 매우 기쁘다.

得到 dédào 동 얻다 | 结果 jiéguǒ 명 결과

我见到了朋友，很高兴。
Wǒ jiàndào le péngyou, hěn gāoxìng.

나는 친구를 만나서, 매우 기쁘다.

见到 jiàndào 동 보다 | 朋友 péngyou 명 친구

我听到了赞美，很高兴。
Wǒ tīngdào le zànměi, hěn gāoxìng.

나는 칭찬을 들어서, 매우 기쁘다.

听到 tīngdào 동 듣다 | 赞美 zànměi 칭송하다

我听到了消息，很高兴。
Wǒ tīngdào le xiāoxi, hěn gāoxìng.

나는 소식을 들어서, 매우 기쁘다.

消息 xiāoxi 명 소식

我受到了礼物，很高兴。
Wǒ shòudào le lǐwù, hěn gāoxìng.

나는 선물을 받아서, 매우 기쁘다.

受到 shòudào 동 받다 | 礼物 lǐwù 명 선물

我找到了工作，很高兴。
Wǒ zhǎodào le gōngzuò, hěn gāoxìng.

나는 직업을 찾아서, 매우 기쁘다.

找到 zhǎodào 동 찾다 | 工作 gōngzuò 명 일, 직업

성조 복습　다음 중국어에 맞게 성조를 표시하며 말해보세요.

① □□□□□□　□□□
我 得 到 了 结 果 ，很 高 兴。
나는 결과를 얻어서, 매우 기쁘다.

② □□□□□□　□□□
我 见 到 了 朋 友 ，很 高 兴。
나는 친구를 만나서, 매우 기쁘다.

③ □□□□□□　□□□
我 听 到 了 赞 美 ，很 高 兴。
나는 칭찬을 들어서, 매우 기쁘다.

④ □□□□□□　□□□
我 听 到 了 消 息 ，很 高 兴。
나는 소식을 들어서, 매우 기쁘다.

⑤ □□□□□□　□□□
我 受 到 了 礼 物 ，很 高 兴。
나는 선물을 받아서, 매우 기쁘다.

⑥ □□□□□□　□□□
我 找 到 了 工 作 ，很 高 兴。
나는 직업을 찾아서, 매우 기쁘다.

다음 주제별 어휘들을 확인하고 문장에 활용해 보세요

연애

- 初恋 chūliàn
  명 첫사랑

- 接吻 jiēwěn
  동 키스하다

- 情侣 qínglǚ
  명 연인

- 交往 jiāowǎng
  동 교제하다

- 挽手 wǎnshǒu
  동 손을 잡다

- 拥抱 yōngbào
  동 포옹하다

- 求婚 qiúhūn
  동 청혼하다

- 相亲 xiāngqīn
  동 선을 보다

MEMO

1 다음 한자에 맞는 병음을 써 보세요.

❶ 关系 ➡ _____

❷ 天气 ➡ _____

❸ 水果 ➡ _____

❹ 平板电脑 ➡ _____

❺ 中国菜 ➡ _____

❻ 房间 ➡ _____

2 아래 문장에서 병음은 한자를, 한자는 병음을 적으세요.

❶ 减肥非常难。 ➡ _____

❷ Yóuyǒng hěn róngyì. ➡ _____

❸ Niánlíng tài dà. ➡ _____

❹ 条件很高。 ➡ _____

답안 1. ① guānxi ② tiānqì ③ shuǐguǒ ④ píngbǎn diànnǎo ⑤ zhōngguó cài ⑥ fángjiān
2. ① Jiǎnféi fēicháng nán. ② 游泳很容易。 ③ 年龄太大。 ④ Tiáojiàn hěn gāo.

3 다음 오른쪽에 있는 문장을 참고하여 빈칸에 알맞은 단어를 쓰세요.

❶ 天气很 ⬜⬜ 。   날씨가 정말 좋다.

❷ Jièyān fēicháng ⬜⬜ .   戒烟非常难。

❸ 물가가 매우 ⬜⬜ .   Wùjià hěn gāo.

❹ 时间很 ⬜⬜ 。   시간이 매우 빠르다.

4 다음 우리말을 중국어 문장으로 만들어 보세요.

❶ 스마트폰이 정말 비싸다.   ⇒ _____

❷ 돈을 버는 것은 매우 어렵다.   ⇒ _____

❸ 여행객이 너무 많다.   ⇒ _____

❹ 인터넷 속도가 매우 느리다.   ⇒ _____

답안 3. ① 好 ② nán ③ 높다 ④ 快
　　　 4. ① 智能手机很贵。 ② 赚钱非常难。 ③ 游客太多。 ④ 网速很慢。

05장

동사 앞에 있어야
존재감이 있는 조동사!

—

학습 목표

1 조동사의 의미를 파악한다.

2 조동사의 위치를 익힌다.

3 자주 함께 쓰이는 조동사와 동사를 하나로 묶어 익힌다.

4 동사로도 쓰이는 조동사는 의미를 따로 익혀둔다.

22 能 / 不能
(능력) ~할 수 있다 / ~할 수 없다

● 修手机
xiū shǒujī

휴대전화를 고치다

● 能修手机
néng xiū shǒujī

휴대전화를 고칠 수 있다

● 她能修手机。
Tā néng xiū shǒujī.

그녀는 휴대전화를 고칠 수 있다.

● 她不能修手机。
Tā bù néng xiū shǒujī.

그녀는 휴대전화를 고칠 수 없다.

단어　修 xiū 동 수리하다 | 手机 shǒujī 명 휴대전화 | 能 néng 조동 ~할 수 있다 | 她 tā 대 그녀
不 bù 부 ~이 아니다

기본 문형

$$\overset{-}{她}\quad \overset{/}{能}\quad \overset{-}{修}\quad \overset{\vee}{手}\overset{-}{机}。$$

주어　조동사　동사　목적어

➡ 조동사란 동사 앞에서 동사의 의미를 한층 더해주는 기능을 하며, 그 종류에는 '가능', '희망', '의지' 등이 있다. 조동사 能은 동사 앞에 쓰여 본래 가지고 있는 능력으로서 무엇인가를 할 수 있는 것을 말하고자 할 때 쓰인다. 부정은 조동사 能 앞에 不를 쓴다.

她能吃辣的。
Tā néng chī là de.

그녀는 매운 것을 먹을 수 있다.

吃 chī 图 먹다 | 辣 là 图 맵다

她能喝啤酒。
Tā néng hē píjiǔ.

그녀는 맥주를 마실 수 있다.

喝 hē 图 마시다 | 啤酒 píjiǔ 图 맥주

她能写汉字。
Tā néng xiě Hànzì.

그녀는 한자를 쓸 수 있다.

写 xiě 图 쓰다 | 汉字 Hànzì 图 한자

她能去留学。
Tā néng qù liúxué.

그녀는 유학을 갈 수 있다.

留学 liúxué 图 유학가다

她能买钻石。
Tā néng mǎi zuànshí.

그녀는 다이아몬드를 살 수 있다.

钻石 zuànshí 图 다이아몬드

她能看电影。
Tā néng kàn diànyǐng.

그녀는 영화를 볼 수 있다.

电影 diànyǐng 图 영화

❶- 她 能 吃 辣 的 。   그녀는 매운 것을 먹을 수 있다.

❷- 她 能 喝 啤 酒 。   그녀는 맥주를 마실 수 있다.

❸- 她 能 写 汉 字 。   그녀는 한자를 쓸 수 있다.

❹- 她 能 去 留 学 。   그녀는 유학을 갈 수 있다.

❺- 她 能 买 钻 石 。   그녀는 다이아몬드를 살 수 있다.

❻- 她 能 看 电 影 。   그녀는 영화를 볼 수 있다.

다음 주제별 어휘들을 확인하고 문장에 활용해 보세요

영화

- **电影院** diànyǐngyuàn
  - 명 영화관

- **票** piào
  - 명 표

- **银幕** yínmù
  - 명 스크린

- **爆米花** bàomǐhuā
  - 명 팝콘

공연

- **音乐会** yīnyuèhuì
  - 명 음악회

- **音乐剧** yīnyuèjù
  - 명 뮤지컬

- **话剧** huàjù
  - 명 연극

- **演唱会** yǎnchànghuì
  - 명 콘서트

MEMO

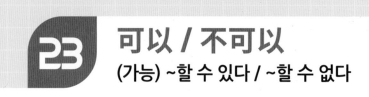

可以 / 不可以
(가능) ~할 수 있다 / ~할 수 없다

- **教育孩子**
  jiàoyù háizi

  아이를 교육한다

- **可以教育孩子**
  kěyǐ jiàoyù háizi

  아이를 교육할 수 있다

- **我可以教育孩子。**
  Wǒ kěyǐ jiàoyù háizi.

  나는 아이를 교육할 수 있다.

- **我不可以教育孩子。**
  Wǒ bù kěyǐ jiàoyù háizi.

  나는 아이를 교육할 수 없다.

단어　**教育** jiàoyù 동 교육하다 | **孩子** háizi 명 어린아이 | **可以** kěyǐ 조동 ～할 수 있다 | **不** bù 부 ～아니다

기본 문형

她	可以	教育	孩子。
주어	조동사	동사	목적어

➡ 조동사 **可以**는 동사 앞에 쓰여 가능, 허락으로서 '~을 할 수 있다'라는 뜻을 나타낼 때 쓰인다.
부정은 **可以** 앞에 **不**를 쓴다.

我可以帮助搬家。
Wǒ kěyǐ bāngzhù bānjiā.

나는 이사를 도와줄 수 있다.

帮助 bāngzhù 동 돕다 | 搬家 bānjiā 동 이사하다

我可以参加会议。
Wǒ kěyǐ cānjiā huìyì.

나는 회의에 참여할 수 있다.

参加 cānjiā 동 참여하다 | 会议 huìyì 명 회의

我可以访问美国。
Wǒ kěyǐ fǎngwèn Měiguó.

나는 미국을 방문할 수 있다.

访问 fǎngwèn 동 방문하다 | 美国 Měiguó 명 미국

我可以抽出时间。
Wǒ kěyǐ chōuchū shíjiān.

나는 시간을 낼 수 있다.

抽出 chōuchū 동 시간을 내다 | 时间 shíjiān 명 시간

我可以在这停车。
Wǒ kěyǐ zài zhè tíngchē.

나는 여기에 주차를 할 수 있다.

在 zài 전 ~에 | 这 zhè 대 여기, 이곳 | 停车 tíngchē 동 주차하다

我可以出去逛街。
Wǒ kěyǐ chūqù guàngjiē.

나는 구경하러 나갈 수 있다.

出去 chūqù 동 나가다 | 逛街 guàngjiē 동 거리 구경을 하다

다음 중국어에 맞게 성조를 표시하며 말해보세요.

① 我可以帮助搬家。 나는 이사를 도와줄 수 있다.

② 我可以参加会议。 나는 회의에 참여할 수 있다.

③ 我可以访问美国。 나는 미국을 방문할 수 있다.

④ 我可以抽出时间。 나는 시간을 낼 수 있다.

⑤ 我可以在这停车。 나는 여기에 주차를 할 수 있다.

⑥ 我可以出去逛街。 나는 구경하러 나갈 수 있다.

다음 주제별 어휘들을 확인하고 문장에 활용해 보세요

가구

- **家具** jiāju
  명 가구

- **桌子** zhuōzi
  명 탁자

- **椅子** yǐzi
  명 의자

- **餐桌** cānzhuō
  명 식탁

- **沙发** shāfā
  명 소파

가전제품

- **冰箱** bīngxiāng
  명 냉장고

- **电风扇** diànfēngshān
  명 선풍기

- **空调** kōngtiáo
  명 에어컨

- **洗衣机** xǐyījī
  명 세탁기

- **加湿器** jiāshīqì
  명 가습기

MEMO

会 / 不会
(배워서) ~할 수 있다 / ~할 수 없다

- **说汉语**
  shuō Hànyǔ

  중국어를 말하다

- **会说汉语**
  huì shuō Hànyǔ

  중국어를 말할 수 있다

- **她会说汉语。**
  Tā huì shuō Hànyǔ.

  그녀는 중국어를 말할 수 있다.

- **她不会说汉语。**
  Tā bú huì shuō Hànyǔ.

  그녀는 중국어를 말할 수 없다.

단어 ⟩ 说 shuō 동 말하다 | 汉语 Hànyǔ 명 중국어 | 会 huì 조동 ~할 수 있다 | 不 bù 부 ~이 아니다

기본 문형

她	会	说	汉语。
주어	조동사	동사	목적어

➡ 조동사 **会**는 동사 앞에 쓰여 '(~을 배워서) 할 수 있다' 또는 '~에 능숙하다'를 나타낼 때 쓰인다. **会**는 조동사뿐만 아니라 동사로 '능숙하다', '잘하다'라는 뜻도 있다. 부정은 **会** 앞에 **不**를 쓰면 된다.

她会说俄国语。 그녀는 러시아어를 말할 수 있다.
Tā huì shuō Éguóyǔ.

俄国语 Éguóyǔ 몡 러시아어

她会开我的车。 그녀는 나의 차를 운전할 수 있다.
Tā huì kāi wǒ de chē.

开车 kāichē 몡 운전하다

她会做中国菜。 그녀는 중국요리를 만들 수 있다.
Tā huì zuò Zhōngguó cài.

做 zuò 동 만들다, 하다 | 菜 cài 몡 요리

她会打乒乓球。 그녀는 탁구를 칠 수 있다.
Tā huì dǎ pīngpāngqiú.

打 dǎ 동 치다, 때리다 | 乒乓球 pīngpāngqiú 몡 탁구

她会写繁体字。 그녀는 번체자를 쓸 수 있다.
Tā huì xiě fántǐzì.

写 xiě 동 쓰다 | 繁体字 fántǐzì 몡 번체자

她会唱中国歌。 그녀는 중국 노래를 부를 수 있다.
Tā huì chàng Zhōngguó gē.

唱 chàng 동 부르다 | 歌 gē 몡 노래

다음 중국어에 맞게 성조를 표시하며 말해보세요.

① ☐☐☐☐☐☐
她 会 说 俄 国 语 。

그녀는 러시아어를 말할 수 있다.

② ☐☐☐☐☐☐
她 会 开 我 的 车 。

그녀는 나의 차를 운전할 수 있다.

③ ☐☐☐☐☐☐
她 会 做 中 国 菜 。

그녀는 중국요리를 만들 수 있다.

④ ☐☐☐☐☐☐
她 会 打 乒 乓 球 。

그녀는 탁구를 칠 수 있다.

⑤ ☐☐☐☐☐☐
她 会 写 繁 体 字 。

그녀는 번체자를 쓸 수 있다.

⑥ ☐☐☐☐☐☐
她 会 唱 中 国 歌 。

그녀는 중국 노래를 부를 수 있다.

다음 주제별 어휘들을 확인하고 문장에 활용해 보세요

운동

- **棒球** bàngqiú
  명 야구

- **足球** zúqiú
  명 축구

- **保龄球** bǎolíngqiú
  명 볼링

- **网球** wǎngqiú
  명 테니스

- **排球** páiqiú
  명 배구

- **篮球** lánqiú
  명 농구

- **羽毛球** yǔmáoqiú
  명 배드민턴

- **高尔夫球** gāo'ěrfūqiú
  명 골프

- **滑雪** huáxuě
  명 스키

- **滑冰** huábīng
  명 스케이트

要 / 不要
(의지) ~하려고 하다 / ~하려 하지 않다

● **学汉语**
xué Hànyǔ

중국어를 배우다

● **要学汉语**
yào xué Hànyǔ

중국어를 배우려고 한다

● **我要学汉语。**
Wǒ yào xué Hànyǔ.

나는 중국어를 배우려고 한다.

● **我不想学汉语。**
Wǒ bú yào xué Hànyǔ.

나는 중국어를 배우려 하지 않는다.

단어 **学** xué 통 배우다, 공부하다 | **汉语** Hànyǔ 명 중국어 | **要** yào 조동 ~하려고 하다 | **不** bù 부 ~이 아니다

기본 문형

ˇ	ˋ	ˊ	ˋ ˇ
我	要	学	汉语。
주어	조동사	동사	목적어

➡ 조동사 **要**는 동사 앞에 쓰여 '~을 하려고 하다'라는 의지를 나타낼 때 쓰인다. **要**는 조동사뿐만 아니라 동사로 '필요하다', '바라다', '요구하다'라는 뜻으로도 쓰인다. 부정은 부정부사 **不想**(bù xiǎng)으로도 가능하다.

我要找工作。 나는 직업을 찾으려고 한다.
Wǒ yào zhǎo gōngzuò.

找 zhǎo 통 찾다 | 工作 gōngzuò 명 일, 직업

我要去外国。 나는 외국에 나가려고 한다.
Wǒ yào qù wàiguó.

外国 wàiguó 명 외국

我要加夜班。 나는 야근을 하려고 한다.
Wǒ yào jiā yèbān.

加 jiā 통 증가하다, 늘리다 | 夜班 yèbān 명 야근

我要谈恋爱。 나는 연애를 하려고 한다.
Wǒ yào tán liàn'ài.

谈恋爱 tán liàn'ài 연애하다

我要做晚饭。 나는 저녁 밥을 하려고 한다.
Wǒ yào zuò wǎnfàn.

晚饭 wǎnfàn 명 저녁 밥

我要当老板。 나는 사장이 되려고 한다.
Wǒ yào dāng lǎobǎn.

当 dāng 통 ~이 되다 | 老板 lǎobǎn 명 사장

다음 중국어에 맞게 성조를 표시하며 말해보세요.

① 我要找工作。　　나는 직업을 찾으려고 한다.

② 我要去外国。　　나는 외국에 나가려고 한다.

③ 我要加夜班。　　나는 야근을 하려고 한다.

④ 我要谈恋爱。　　나는 연애를 하려고 한다.

⑤ 我要做晚饭。　　나는 저녁 밥을 하려고 한다.

⑥ 我要当老板。　　나는 사장이 되려고 한다.

다음 주제별 어휘들을 확인하고 문장에 활용해 보세요

상점

- **面包店** miànbāodiàn
  명 빵집

- **百货商店** bǎihuò shāngdiàn
  명 백화점

- **美容室** měiróngshì
  명 미용실

- **便利店** biànlìdiàn
  명 편의점

- **咖啡厅** kāfēitīng
  명 커피숍

- **书店** shūdiàn
  명 서점

- **网吧** wǎngbā
  명 PC방

- **超市** chāoshì
  명 마트

MEMO

想 / 不想
(희망) ~하고 싶다 / ~하고 싶지 않다

● **学汉语**
xué Hànyǔ

중국어를 배우다

● **想学汉语**
xiǎng xué Hànyǔ

중국어를 배우고 싶다

● **我想学汉语。**
Wǒ xiǎng xué Hànyǔ.

나는 중국어를 배우고 싶다.

● **我不想学汉语。**
Wǒ bù xiǎng xué Hànyǔ.

나는 중국어를 배우고 싶지 않다.

단어 | **学** xué 동 배우다 | **汉语** Hànyǔ 명 중국어 | **想** xiǎng 조동 ~하고 싶다 | **不** bù 분 ~이 아니다

기본 문형

我	想	学	汉语。
주어	조동사	동사	목적어

➡ 조동사 想은 동사 앞에 쓰여 '~을 하고 싶다' 혹은 '~할 생각이 있다'를 나타낼 때 쓰인다. 想은 조동사뿐만 아니라 동사로 '생각하다', '그리워 하다'라는 뜻으로도 쓰인다. 부정은 부정부사 不를 想 앞에 쓴다.

我想去美国。 나는 미국에 가고 싶다.
Wǒ xiǎng qù Měiguó.

美国 Měiguó 명 미국

我想当翻译。 나는 통역사가 되고 싶다.
Wǒ xiǎng dāng fānyì.

翻译 fānyì 명 통역사

我想吃火锅。 나는 훠궈를 먹고 싶다.
Wǒ xiǎng chī huǒguō.

吃 chī 동 먹다 | 火锅 huǒguō 명 훠궈

我想喝咖啡。 나는 커피를 마시고 싶다.
Wǒ xiǎng hē kāfēi.

喝 hē 동 마시다 | 咖啡 kāfēi 명 커피

我想听广播。 나는 라디오를 듣고 싶다.
Wǒ xiǎng tīng guǎngbō.

听 tīng 동 듣다 | 广播 guǎngbō 명 라디오 방송

我想买黄金。 나는 황금을 사고 싶다.
Wǒ xiǎng mǎi huángjīn.

买 mǎi 동 사다 | 黄金 huángjīn 명 황금

다음 중국어에 맞게 성조를 표시하며 말해보세요.

❶ □□□□□
我 想 去 美 国 。

나는 미국에 가고 싶다.

❷ □□□□□
我 想 当 翻 译 。

나는 통역사가 되고 싶다.

❸ □□□□□
我 想 吃 火 锅 。

나는 훠궈를 먹고 싶다.

❹ □□□□□
我 想 喝 咖 啡 。

나는 커피를 마시고 싶다.

❺ □□□□□
我 想 听 广 播 。

나는 라디오를 듣고 싶다.

❻ □□□□□
我 想 买 黄 金 。

나는 황금을 사고 싶다.

다음 주제별 어휘들을 확인하고 문장에 활용해 보세요

수도

- **北京** Běijīng
  명 북경

- **首尔** Shǒu'ěr
  명 서울

- **东京** Dōngjīng
  명 동경

- **纽约** Niǔyuē
  명 뉴욕

- **台北** Táiběi
  명 타이베이

- **河内** Hénèi
  명 하노이

- **莫斯科** Mòsīkē
  명 모스크바

- **巴黎** Bālí
  명 파리

- **柏林** Bólín
  명 베를린

MEMO

1 다음 한자에 맞는 병음을 써 보세요.

① 英语 ➡ _____

② 留学 ➡ _____

③ 访问 ➡ _____

④ 逛街 ➡ _____

⑤ 老板 ➡ _____

⑥ 黄金 ➡ _____

2 아래 문장에서 병음은 한자를, 한자는 병음을 적으세요.

① 我可以抽出时间。 ➡ _____

② Tā néng xiě Hànzì. ➡ _____

③ Wǒ yào zuò wǎnfàn. ➡ _____

④ 我想吃火锅。 ➡ _____

답안 1. ① Yīngyǔ ② liúxué ③ fǎngwèn ④ guàngjiē ⑤ lǎobǎn ⑥ huángjīn
2. ① Wǒ kěyǐ chōuchū shíjiān. ② 她能写汉字。 ③ 我要做晚饭。 ④ Wǒ xiǎng chī huǒguō.

3 다음 오른쪽에 있는 문장을 참고하여 빈칸에 알맞은 단어를 쓰세요.

❶ 她 _____ 读英语。 　　　　　그녀는 영어를 읽을 수 있다. [능력]

❷ Wǒ _____ cānjiā huìyì. 　　　나는 회의에 참여할 수 있다. [가능]

❸ 그녀는 중국요리를 _____. 　　Tā huì zuò Zhōngguó cài. [배워서]

❹ 我 _____ 当翻译。 　　　　　나는 통역사가 되고 싶다. [희망]

4 다음 우리말을 중국어 문장으로 만들어 보세요.

❶ 나는 여기에 주차를 할 수 있다. ➡ [가능] _____

❷ 나는 구경하러 나갈 수 있다. ➡ [가능] _____

❸ 그녀는 나의 차를 운전할 수 있다. ➡ [배워서] _____

❹ 나는 연애를 하려고 한다. ➡ [의지] _____

답안 3. ① 能 ② kěyǐ ③ 만들 수 있다 ④ 想
4. ① 我可以这儿停车。② 我可以出去逛街。③ 她会开我的车。④ 我要谈恋爱。

06장

명사없이 살 수 없는 전치사!

—

학습 목표

1 전치사의 의미를 파악한다.

2 전치사의 위치를 익힌다.

3 전치사 뒤에 자주 쓰이는 명사를 하나로 묶어 익힌다.

4 '전치사 + 명사' 뒤에 자주 쓰이는 동사를 하나로 묶어 익힌다.

在
~에서(장소)

- **办公室**
  bàngōngshì

  사무실

- **在办公室**
  zài bàngōngshì

  사무실에서

- **在办公室写报告**
  zài bàngōngshì xiě bàogào

  사무실에서 보고서를 쓴다

- **他在办公室写报告。**
  Tā zài bàngōngshì xiě bàogào.

  그는 사무실에서 보고서를 쓴다.

단어 办公室 bàngōngshì 명 사무실 ㅣ 在 zài 전 ~에서 ㅣ 写 xiě 동 쓰다 ㅣ 报告 bàogào 명 보고서

기본 문형

他	在	办公室	写	报告。
주어	전치사	명사	동사	목적어

➡ 전치사란 '전치사 + 명사'구를 이루어 주어 뒤, 술어 앞에 놓여 시간, 장소, 방식 등을 나타 낸다. 전치사 在는 장소를 나타낼 때 쓰이며 '在 + 장소 명사'구를 이루어 '~에서'라는 뜻으로 쓰인다.

他在房间看电视。
Tā zài fángjiān kàn diànshì.

그는 방에서 텔레비전을 본다.

电视 diànshì 몡 텔레비전

他在教室听讲课。
Tā zài jiàoshì tīng jiǎngkè.

그는 교실에서 수업을 듣는다.

教室 jiàoshì 몡 교실 | 讲课 jiǎngkè 강의하다

他在食堂吃面条。
Tā zài shítáng chī miàntiáo.

그는 식당에서 국수를 먹는다.

面条 miàntiáo 몡 국수

他在商店买衣服。
Tā zài shāngdiàn mǎi yīfu.

그는 상점에서 옷을 산다.

商店 shāngdiàn 몡 상점 | 衣服 yīfu 몡 옷

他在操场打篮球。
Tā zài cāochǎng dǎ lánqiú.

그는 운동장에서 농구를 한다.

操场 cāochǎng 몡 운동장 | 打篮球 dǎ lánqiú 농구를 하다

他在超市买牛肉。
Tā zài chāoshì mǎi niúròu.

그는 마트에서 소고기를 산다.

超市 chāoshì 몡 마트 | 牛肉 niúròu 몡 소고기

다음 중국어에 맞게 성조를 표시하며 말해보세요.

❶— 他 在 房 间 看 电 视 。 그는 방에서 텔레비전을 본다.

❷— 他 在 教 室 听 讲 课 。 그는 교실에서 수업을 듣는다.

❸— 他 在 食 堂 吃 面 条 。 그는 식당에서 국수를 먹는다.

❹— 他 在 商 店 买 衣 服 。 그는 상점에서 옷을 산다.

❺— 他 在 操 场 打 篮 球 。 그는 운동장에서 농구를 한다.

❻— 他 在 超 市 买 牛 肉 。 그는 마트에서 소고기를 산다.

다음 주제별 어휘들을 확인하고 문장에 활용해 보세요

생활용품

- 卫生纸 wèishēngzhǐ
  명 휴지

- 香皂 xiāngzào
  명 세숫비누

- 刷牙 shuāyá
  동 양치질하다

- 剃须刀 tìxūdāo
  명 면도기

- 牙刷 yáshuā
  명 칫솔

- 毛巾 máojīn
  명 수건

- 牙膏 yágāo
  명 치약

- 面纸 miànzhǐ
  명 티슈

MEMO

28 跟
~와, 과

● **去商店**
　 qù shāngdiàn

상점에 간다

● **一起去商店**
　 yìqǐ qù shāngdiàn

같이 상점에 간다

● **跟妈妈一起去商店**
　 gēn māma yìqǐ qù shāngdiàn

엄마와 같이 상점에 간다

● **我跟妈妈一起去商店。**
　 Wǒ gēn māma yìqǐ qù shāngdiàn.

나는 엄마와 같이 상점에 간다.

단어 　**去** qù 동 가다 ㅣ **商店** shāngdiàn 명 상점 ㅣ **一起** yìqǐ 부 같이, 함께 ㅣ **跟** gēn 전 ~와 ㅣ **我** wǒ 대 나
妈妈 māma 명 엄마

기본 문형

我	跟	妈妈	一起	去	商店。
주어	전치사	명사	부사	동사	목적어

➡ 전치사 跟은 '(누구)와'라는 뜻으로 어떠한 상대와 함께 무언가를 할 때 쓰인다. 종종 부사
一起와 같이 쓰여 형식은 'A + 跟 + B(+ 一起) + 동사 + 목적어'로 이루어져 'A와 B는 같이
~을 하다'라는 뜻이다.

我跟爱人一起去旅游。
Wǒ gēn àiren yìqǐ qù lǚyóu.

나는 애인과 같이 여행을 간다.

爱人 àiren 몡 애인 | 旅游 lǚyóu 몡 여행

我跟妈妈一起下馆子。
Wǒ gēn māma yìqǐ xià guǎnzi.

나는 엄마와 같이 외식을 한다.

下馆子 xià guǎnzi 됭 외식하다

我跟姐姐一起看话剧。
Wǒ gēn jiějie yìqǐ kàn huàjù.

나는 언니와 같이 연극을 본다.

姐姐 jiějie 몡 언니 | 话剧 huàjù 몡 연극

我跟朋友一起去留学。
Wǒ gēn péngyou yìqǐ qù liúxué.

나는 친구와 같이 유학 간다.

朋友 péngyou 몡 친구 | 留学 liúxué 됭 유학하다

我跟同事一起去出差。
Wǒ gēn tóngshì yìqǐ qù chūchāi.

나는 동료와 같이 출장 간다.

同事 tóngshì 몡 동료 | 出差 chūchāi 됭 출장하다

我跟班主任一起商量。
Wǒ gēn bānzhǔrèn yìqǐ shāngliang.

나는 담임선생님과 같이 상의한다.

班主任 bānzhǔrèn 몡 담임 | 商量 shāngliang 됭 상의하다

다음 중국어에 맞게 성조를 표시하며 말해보세요.

❶ 我跟爱人一起去旅游。 나는 애인과 같이 여행을 간다.

❷ 我跟妈妈一起下馆子。 나는 엄마와 같이 외식을 한다.

❸ 我跟姐姐一起看话剧。 나는 언니와 같이 연극을 본다.

❹ 我跟朋友一起去留学。 나는 친구와 같이 유학 간다.

❺ 我跟同事一起去出差。 나는 동료와 같이 출장 간다.

❻ 我跟班主任一起商量。 나는 담임선생님과 같이 상의한다.

다음 주제별 어휘들을 확인하고 문장에 활용해 보세요

교통

- **红绿灯** hónglǜdēng
  명 신호등

- **公路** gōnglù
  명 도로

- **人行横道** rénxíng héngdào
  명 횡단보도

- **高速公路** gāosù gōnglù
  명 고속도로

- **天桥** tiānqiáo
  명 육교

- **迷路** mílù
  동 길을 잃다

- **平交道** píngjiāodào
  명 건널목

- **问路** wènlù
  동 길을 묻다

MEMO

29 把
~을, 를

- **吃**
  chī

  먹다

- **吃了**
  chī le

  먹었다

- **把面包吃了**
  bǎ miànbāo chī le

  빵을 먹었다

- **我把面包吃了。**
  Wǒ bǎ miànbāo chī le.

  나는 빵을 먹었다.

단어 　吃 chī 동 먹다 | 了 le 조 문장 끝에 쓰여 완료를 나타내는 조사 | 把 bǎ 전 ~을, ~를
面包 miànbāo 명 빵 | 我 wǒ 대 나

기본 문형

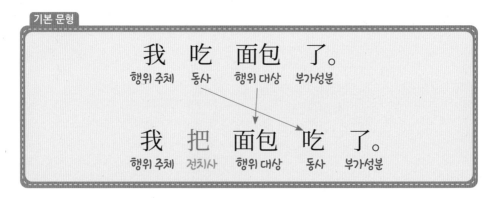

➡ 把자문 : 주어(행위 주체) + 把 + 목적어(행위 대상) + 술어 + 부가성분

전치사 把의 의미는 '~을', '~를'로 주어가 목적어를 어떻게 처치하였는지를 강조하기 위해 목적어를
동사 앞으로 가져오면서 강조할 수 있는 역할을 한다.

我把衣服洗了。
Wǒ bǎ yīfu xǐ le.

나는 옷을 빨았다.

衣服 yīfu 옙 옷 | 洗 xǐ 옙 빨다, 씻다

我把钥匙忘了。
Wǒ bǎ yàoshi wàng le.

나는 열쇠를 잊어버렸다.

钥匙 yàoshi 옙 열쇠 | 忘 wàng 옙 잊어버리다

我把包裹寄了。
Wǒ bǎ bāoguǒ jì le.

나는 소포를 부쳤다.

包裹 bāoguǒ 옙 소포 | 寄 jì 옙 (우편으로) 부치다

我把帽子戴了。
Wǒ bǎ màozi dài le.

나는 모자를 썼다.

帽子 màozi 옙 모자 | 戴 dài 옙 쓰다

我把手机丢了。
Wǒ bǎ shǒujī diū le.

나는 휴대전화를 잃어버렸다.

手机 shǒujī 옙 휴대전화 | 丢 diū 옙 잃어버리다

我把电视修了。
Wǒ bǎ diànshì xiū le.

나는 텔레비전을 고쳤다.

电视 diànshì 옙 텔레비전 | 修 xiū 옙 고치다

다음 중국어에 맞게 성조를 표시하며 말해보세요.

❶ 我 把 衣 服 洗 了 。   나는 옷을 빨았다.

❷ 我 把 钥 匙 忘 了 。   나는 열쇠를 잊어버렸다.

❸ 我 把 包 裹 寄 了 。   나는 소포를 부쳤다.

❹ 我 把 帽 子 戴 了 。   나는 모자를 썼다.

❺ 我 把 手 机 丢 了 。   나는 휴대전화를 잃어버렸다.

❻ 我 把 电 视 修 了 。   나는 텔레비전을 고쳤다.

사무용품

- **计算器** jìsuànqì
  명 계산기

- **文件** wénjiàn
  명 서류

- **文件夹** wénjiànjiā
  명 서류 파일

- **纸** zhǐ
  명 종이

회사

- **失业者** shīyèzhě
  명 실업자

- **辞职书** cízhíshū
  명 사직서

- **招聘** zhāopìn
  동 모집하다

- **解雇** jiěgù
  동 해고하다

MEMO

30 被
~에 의해 당하다

- **批评**
  pīpíng

  혼내다

- **批评了**
  pīpíng le

  혼났다

- **被妈妈批评**
  bèi māma pīpíng le

  엄마에 의해 혼났다

- **我被妈妈批评了。**
  Wǒ bèi māma pīpíng le.

  나는 엄마에게 혼났다.

> **단어** 批评 pīpíng 동 꾸짖다, 비평하다 | 了 le 조 문장 끝에 쓰여 완료를 나타내는 조사 | 我 wǒ 대 나
> 被 bèi 전 ~에게 당하다 | 妈妈 māma 명 엄마

기본 문형

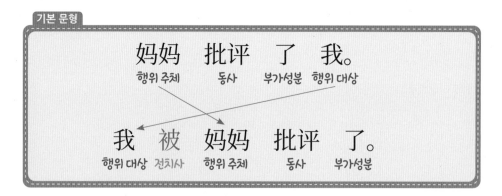

➡ 被자문 : 주어(행위 대상) + 被 + 목적어(행위 주체) + 술어 + 부가성분

전치사 被의 의미는 '~에게 당하다'로 주어가 원치 않거나 좋지 않은 행위를 당했을 때 쓰여 피동을
나타낸다.

我被上司批评了。
Wǒ bèi shàngsi pīpíng le.

나는 상사에게 꾸지람을 받았다.

上司 shàngsi 圐 상사 | 批评 pīpíng 圐 비평하다, 꾸짖다

我被宠物咬伤了。
Wǒ bèi chǒngwù yǎoshāng le.

나는 애완동물한테 물렸다.

宠物 chǒngwù 圐 애완동물 | 咬伤 yǎoshāng 圐 물어서 상처를 내다

我被老师体罚了。
Wǒ bèi lǎoshī tǐfá le.

나는 선생님께 체벌 받았다.

老师 lǎoshī 圐 선생님 | 体罚 tǐfá 圐 체벌하다

钱被小偷偷走了。
Qián bèi xiǎotōu tōu zǒu le.

돈을 도둑이 훔쳐갔다.

钱 qián 圐 돈 | 小偷 xiǎotōu 圐 도둑 | 偷走 tōu zǒu 훔쳐 가다

钱被弟弟花光了。
Qián bèi dìdi huāguāng le.

돈을 남동생이 다 썼다.

弟弟 dìdi 圐 남동생 | 花光 huāguāng 圐 전부 써 버리다

肉被姐姐吃光了。
Ròu bèi jiějie chīguāng le.

고기를 언니가 다 먹었다.

肉 ròu 圐 고기 | 姐姐 jiějie 圐 누나, 언니 | 吃光 chīguāng 圐 다 먹다

성조 복습

다음 중국어에 맞게 성조를 표시하며 말해보세요.

❶ 我被上司批评了。 나는 상사에게 꾸지람을 받았다.

❷ 我被宠物咬伤了。 나는 애완동물한테 물렸다.

❸ 我被老师体罚了。 나는 선생님께 체벌 받았다.

❹ 钱被小偷偷走了。 돈을 도둑이 훔쳐갔다.

❺ 钱被弟弟花光了。 돈을 남동생이 다 썼다.

❻ 肉被姐姐吃光了。 고기를 언니가 다 먹었다.

다음 주제별 어휘들을 확인하고 문장에 활용해 보세요

사무기기

- **复印** fùyìn
  동 복사하다

- **复印机** fùyìnjī
  명 복사기

- **打印** dǎyìn
  동 프린트하다

- **打印机** dǎyìnjī
  명 프린터기

- **传真** chuánzhēn
  명 팩스

사무용어

- **名片** míngpiàn
  명 명함

- **总机** zǒngjī
  명 대표 전화

- **便条儿** biàntiáor
  명 메모

- **分机** fēnjī
  명 내선(전화)

MEMO

对
~에게

- **感兴趣**
  gǎn xìngqù

  흥미가 있다

- **很感兴趣**
  hěn gǎn xìngqù

  매우 흥미가 있다

- **对汉语很感兴趣**
  duì Hànyǔ hěn gǎn xìngqù

  중국어에 매우 흥미가 있다

- **我对汉语很感兴趣。**
  Wǒ duì Hànyǔ hěn gǎn xìngqù.

  나는 중국어에 매우 흥미가 있다.

단어 感兴趣 gǎn xìngqù 흥미가 있다 | 很 hěn 튀 매우 | 汉语 Hànyǔ 명 중국어 | 对 duì 전 ~에게, ~에 대하여

我	对	汉语	很	感兴趣。
주어	전치사	관심 대상	부사	동사 + 목적어

➡ **对자문** : 주어 + **对** + 관심 대상 + 술어

전치사 **对**의 의미는 '~에게', '~에 대하여'로 동작이나 행위의 대상을 나타낸다. 이때 '~에게'는 대상이 사람일 경우에만 쓸 수 있다.

我对数学很感兴趣。 나는 수학에 매우 흥미가 있다.
Wǒ duì shùxué hěn gǎn xìngqù.

数学 shùxué 뗑 수학

我对理财很感兴趣。 나는 재테크에 매우 흥미가 있다.
Wǒ duì lǐcái hěn gǎn xìngqù.

理财 lǐcái 图 재테크하다

我对外语很感兴趣。 나는 외국어에 매우 흥미가 있다.
Wǒ duì wàiyǔ hěn gǎn xìngqù.

外语 wàiyǔ 뗑 외국어

我对料理很感兴趣。 나는 요리에 매우 흥미가 있다.
Wǒ duì liàolǐ hěn gǎn xìngqù.

料理 liàolǐ 뗑 요리

我对工作很感兴趣。 나는 일에 매우 흥미가 있다.
Wǒ duì gōngzuò hěn gǎn xìngqù.

工作 gōngzuò 뗑 일

我对插花很感兴趣。 나는 꽃꽂이에 매우 흥미가 있다.
Wǒ duì chāhuā hěn gǎn xìngqù.

插花 chāhuā 图 꽃을 꽂다

다음 중국어에 맞게 성조를 표시하며 말해보세요.

① 我 对 数 学 很 感 兴 趣 。　　나는 수학에 매우 흥미가 있다.

② 我 对 理 财 很 感 兴 趣 。　　나는 재테크에 매우 흥미가 있다.

③ 我 对 外 语 很 感 兴 趣 。　　나는 외국어에 매우 흥미가 있다.

④ 我 对 料 理 很 感 兴 趣 。　　나는 요리에 매우 흥미가 있다.

⑤ 我 对 工 作 很 感 兴 趣 。　　나는 일에 매우 흥미가 있다.

⑥ 我 对 插 花 很 感 兴 趣 。　　나는 꽃꽂이에 매우 흥미가 있다.

다음 주제별 어휘들을 확인하고 문장에 활용해 보세요

음주

- **扎啤** zhāpí
  - 명 생맥주

- **酒鬼** jiǔguǐ
  - 명 술고래

- **干杯** gānbēi
  - 동 건배하다

- **醉** zuì
  - 동 취하다

- **酒家** jiǔjiā
  - 명 술집

- **扎啤店** zhāpídiàn
  - 명 호프집

- **路边摊** lùbiāntān
  - 명 포장마차

MEMO

---

1 다음 한자에 맞는 병음을 써 보세요.

❶ 商店 ➡ _____

❷ 爱人 ➡ _____

❷ 同事 ➡ _____

❹ 钥匙 ➡ _____

❺ 帽子 ➡ _____

❻ 小偷 ➡ _____

2 아래 문장에서 병음은 한자를, 한자는 병음을 적으세요.

❶ 他在超市买牛肉。 ➡ _____

❷ Wǒ bǎ yàoshi wàng le. ➡ _____

❷ Qián bèi xiǎotōu tōu zǒu le. ➡ _____

❹ 我对外语很感兴趣。 ➡ _____

답안 1. ① shāngdiàn ② àiren ③ tóngshì ④ yàoshi ⑤ màozi ⑥ xiǎotōu
2. ① Tā zài chāoshì mǎi niúròu. ② 我把钥匙忘了。 ③ 钱被小偷偷走了。
④ Wǒ duì wàiyǔ hěn gǎn xìngqù.

3 다음 오른쪽에 있는 문장을 참고하여 빈칸에 알맞은 단어를 쓰세요.

❶ 他　　　　食堂吃面条。　　　　　　　　그는 식당에서 국수를 먹는다.

❷ Wǒ 　　　　tóngshì yìqǐ qù chūchāi.　　나는 동료와 같이 출장 간다.

❷ 나는 　　　　고쳤다.　　　　　　　　　　Wǒ bǎ diànshì xiū le.

❹ 我 　　　　宠物咬伤了。　　　　　　　　나는 애완동물한테 물렸다.

4 다음 우리말을 중국어 문장으로 만들어 보세요.

❶ 그는 상점에서 옷을 산다.　　➡ _____

❷ 나는 휴대전화를 잃어버렸다.　➡ _____

❷ 나는 상사에게 꾸지람을 받았다.➡ _____

❹ 나는 일에 매우 흥미가 있다.　➡ _____

답안　3. ① 在　② gēn　③ 텔레비전을　④ 被
　　　4. ① 他在商店买衣服。② 我把手机丢了。③ 我被上司批评了。④ 我对工作很感兴趣。

07장

질문을 만드는
의문사와 의문대사!

—

학습 목표

1 의문사, 의문대사의 의미를 파악한다.

2 의문사, 의문대사의 위치를 익힌다.

3 의문대사와 함께 자주 쓰이는 구문을 하나로 묶어 익힌다.

4 의문대사를 실생활에 사용해 본다.

A还是B
A 아니면 B

- **喝红茶**
  hē hóngchá

  홍차를 마시다

- **还是喝红茶?**
  Háishi hē hóngchá?

  아니면 홍차를 마실래요?

- **喝咖啡还是喝红茶?**
  Hē kāfēi háishi hē hóngchá?

  커피를 마실래요, 아니면 홍차를 마실래요?

- **你喝咖啡还是喝红茶?**
  Nǐ hē kāfēi háishi hē hóngchá?

  당신은 커피를 마실래요, 아니면 홍차를 마실래요?

단어　喝 hē 동 마시다 | 红茶 hóngchá 명 홍차 | 还是 háishi 접 ~아니면 | 咖啡 kāfēi 명 커피 |
你 nǐ 대 너, 당신

	A조건		B조건
你	喝咖啡	还是	喝红茶?
주어	동사 + 목적어	의문 접속사	동사 + 목적어

➡ 접속사 **还是**는 'A 아니면 B' 형식으로 의문문을 만드는 접속사 중 하나이다. 두 가지 중 하나를
선택해야 할 때 쓰이며, 다른 의문사와 함께 쓰일 수 없다.

你穿裤子还是穿裙子?
Nǐ chuān kùzi háishi chuān qúnzi?

당신은 바지를 입을래요, 아니면 치마를 입을래요?

穿 chuān 图 입다 | 裤子 kùzi 圀 바지 | 裙子 qúnzi 圀 치마

你吃米饭还是吃面条?
Nǐ chī mǐfàn háishi chī miàntiáo?

당신은 쌀밥을 먹을래요, 아니면 국수를 먹을래요?

吃 chī 图 먹다 | 米饭 mǐfàn 쌀밥 | 面条 miàntiáo 圀 국수

你去北京还是去美国?
Nǐ qù Běijīng háishi qù Měiguó?

당신은 북경에 갈래요, 아니면 미국에 갈래요?

去 qù 图 가다 | 北京 Běijīng 圀 북경 | 美国 Měiguó 圀 미국

你坐汽车还是坐地铁?
Nǐ zuò qìchē háishi zuò dìtiě?

당신은 자동차를 탈래요, 아니면 지하철을 탈래요?

坐 zuò 图 타다 | 汽车 qìchē 圀 자동차 | 地铁 dìtiě 圀 지하철

你有姐姐还是有哥哥?
Nǐ yǒu jiějie háishi yǒu gēge?

당신은 누나가 있나요, 아니면 형이 있나요?

有 yǒu 图 있다 | 姐姐 jiějie 圀 누나, 언니 | 哥哥 gēge 圀 형, 오빠

你学汉语还是学英语?
Nǐ xué Hànyǔ háishi xué Yīngyǔ?

당신은 중국어를 배울래요, 아니면 영어를 배울래요?

学 xué 图 배우다 | 汉语 Hànyǔ 圀 중국어 | 英语 Yīngyǔ 圀 영어

다음 중국어에 맞게 성조를 표시하며 말해보세요.

❶─ 你 穿 裤 子 还 是 穿 裙 子 ?

당신은 바지를 입을래요, 아니면 치마를 입을래요?

❷─ 你 吃 米 饭 还 是 吃 面 条 ?

당신은 쌀밥을 먹을래요, 아니면 국수를 먹을래요?

❸─ 你 去 北 京 还 是 去 美 国 ?

당신은 북경에 갈래요, 아니면 미국에 갈래요?

❹─ 你 坐 汽 车 还 是 坐 地 铁 ?

당신은 자동차를 탈래요, 아니면 지하철을 탈래요?

❺─ 你 有 姐 姐 还 是 有 哥 哥 ?

당신은 누나가 있나요, 아니면 형이 있나요?

❻─ 你 学 汉 语 还 是 学 英 语 ?

당신은 중국어를 배울래요, 아니면 영어를 배울래요?

쇼핑

- **电视购物** diànshì gòuwù
  TV 홈쇼핑

- **发票** fāpiào
  명 영수증

- **网上购物** wǎngshàng gòuwù
  온라인 쇼핑

- **零钱** língqián
  명 잔돈

- **退货** tuìhuò
  동 반품하다

- **送货** sònghuò
  동 (상품을) 배달하다

- **交换** jiāohuàn
  동 교환하다

- **免费送货** miǎnfèi sònghuò
  명 무료 배송

- **打折** dǎzhé
  동 할인(하다)

- **还钱** huán qián
  동 환불하다

MEMO

33 A不是B吗
A는 B를 ~않나요

● 学习汉语
  xuéxí Hànyǔ
  중국어를 배우다

● 学习汉语吗?
  Xuéxí Hànyǔ ma?
  중국어를 배우나요?

● 不是学习汉语吗?
  Bú shì xuéxí Hànyǔ ma?
  중국어를 배우지 않나요?

● 你不是学习汉语吗?
  Nǐ bú shì xuéxí Hànyǔ ma?
  당신은 중국어를 배우지 않나요?

단어 学习 xuéxí 동 배우다 | 汉语 Hànyǔ 명 중국어 | 吗 ma 조 ~인가 | 不是 bú shì ~아니다
     你 nǐ 대 너, 당신

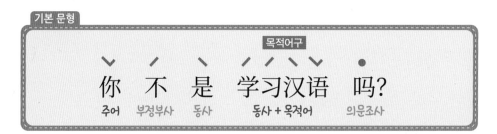

기본 문형

목적어구

你 不 是 学习汉语 吗?
주어 부정부사 동사 동사 + 목적어 의문조사

➡ A不是B吗는 'A는 B를 ~않나요'란 의미로 의문문을 만드는 방법 중 하나이다. 상대에게 내용을
확인할 때 종종 쓰인다.

你不是认识老板吗?
Nǐ bú shì rènshi lǎobǎn ma?

당신은 사장을 알고 있지 않나요?

认识 rènshi 동 알다 | 老板 lǎobǎn 명 사장

你不是认识汉字吗?
Nǐ bú shì rènshi Hànzì ma?

당신은 한자를 알지 않나요?

汉字 Hànzì 명 한자

你不是喜欢棒球吗?
Nǐ bú shì xǐhuan bàngqiú ma?

당신은 야구를 좋아하지 않나요?

喜欢 xǐhuan 동 좋아하다 | 棒球 bàngqiú 야구

你不是买了礼物吗?
Nǐ bú shì mǎi le lǐwù ma?

당신은 선물을 사지 않았나요?

买 mǎi 동 사다 | 了 le 조 완료를 나타내는 조사 | 礼物 lǐwù 명 선물

你不是听了传言吗?
Nǐ bú shì tīng le chuányán ma?

당신은 소문을 듣지 않았나요?

听 tīng 동 듣다 | 传言 chuányán 명 소문

你不是吃了蛋糕吗?
Nǐ bú shì chī le dàngāo ma?

당신은 케이크를 먹지 않았나요?

蛋糕 dàngāo 명 케이크

다음 중국어에 맞게 성조를 표시하며 말해보세요.

❶ 你 不 是 认 识 老 板 吗？ 당신은 사장을 알고 있지 않나요?

❷ 你 不 是 认 识 汉 字 吗？ 당신은 한자를 알지 않나요?

❸ 你 不 是 喜 欢 棒 球 吗？ 당신은 야구를 좋아하지 않나요?

❹ 你 不 是 买 了 礼 物 吗？ 당신은 선물을 사지 않았나요?

❺ 你 不 是 听 了 传 言 吗？ 당신은 소문을 듣지 않았나요?

❻ 你 不 是 吃 了 蛋 糕 吗？ 당신은 케이크를 먹지 않았나요?

다음 주제별 어휘들을 확인하고 문장에 활용해 보세요

요리 방법

- **煮** zhǔ
  동 익히다

- **蒸** zhēng
  동 찌다

- **炖** dùn
  동 삶다

- **烤** kǎo
  동 굽다

- **炸** zhá
  동 튀기다

- **煎** jiān
  동 지지다, 부치다

- **炒** chǎo
  동 볶다

조미료

- **胡椒** hújiāo
  명 후추

- **盐** yán
  명 소금

- **糖** táng
  명 설탕

- **食用油** shíyòngyóu
  명 식용유

- **醋** cù
  명 식초

- **酱油** jiàngyóu
  명 간장

谁
누구

- **谁**
  shéi

  누구

- **是谁?**
  Shì shéi?

  누구인가요?

- **人是谁?**
  Rén shì shéi?

  사람은 누구인가요?

- **说汉语的人是谁?**
  Shuō Hànyǔ de rén shì shéi?

  중국어를 말하는 사람은 누구인가요?

단어　谁 shéi 데 누구 ㅣ 是 shì 동 ～이다 ㅣ 人 rén 명 사람 ㅣ 说 shuō 동 말하다 ㅣ 汉语 Hànyǔ 명 중국어
的 de 조 ～의 것

기본 문형

$$\overset{\text{一} \text{、} \text{、} \text{ˇ} \text{·}}{说汉语的} \quad \overset{\text{ˊ}}{人} \quad \overset{\text{、}}{是} \quad \overset{\text{ˊ}}{谁?}$$

관형어(수식어)　주어　동사　의문대사

➡ 谁의 의미는 '누구'이며, 사람을 물을 때 쓰이는 의문대사로 의문문을 만들 수 있다. 다른 의문
조사는 함께 쓰이지 않는다.

174 •

你左边的人是谁?

Nǐ zuǒbian de rén shì shéi?

당신 왼쪽에 있는 사람은 누구인가요?

左边 zuǒbian 명 왼쪽

教韩语的人是谁?

Jiào Hányǔ de rén shì shéi?

한국어를 가르치는 사람은 누구인가요?

教 jiào 동 가르치다 | 韩语 Hányǔ 명 한국어

跟你玩的人是谁?

Gēn nǐ wán de rén shì shéi?

당신과 놀은 사람은 누구인가요?

跟 gēn 전 ~와, 과 | 玩 wán 동 놀다

生孩子的人是谁?

Shēng háizi de rén shì shéi?

아이를 낳은 사람은 누구인가요?

生 shēng 동 낳다 | 孩子 háizi 명 아이

交资料的人是谁?

Jiāo zīliào de rén shì shéi?

자료를 제출한 사람은 누구인가요?

交 jiāo 동 제출하다, 건네다 | 资料 zīliào 명 자료

说秘密的人是谁?

Shuō mìmì de rén shì shéi?

비밀을 말한 사람은 누구인가요?

秘密 mìmì 명 비밀

다음 중국어에 맞게 성조를 표시하며 말해보세요.

☐☐☐☐☐☐☐

❶- 你左边的人是谁？　당신 왼쪽에 있는 사람은 누구인가요?

☐☐☐☐☐☐☐

❷- 教韩语的人是谁？　한국어를 가르치는 사람은 누구인가요?

☐☐☐☐☐☐☐

❸- 跟你玩的人是谁？　당신과 놀은 사람은 누구인가요?

☐☐☐☐☐☐☐

❹- 生孩子的人是谁？　아이를 낳은 사람은 누구인가요?

☐☐☐☐☐☐

❺- 交资料的人是谁？　자료를 제출한 사람은 누구인가요?

☐☐☐☐☐☐

❻- 说秘密的人是谁？　비밀을 말한 사람은 누구인가요?

다음 주제별 어휘들을 확인하고 문장에 활용해 보세요

날씨

- **台风** táifēng
  명 태풍

- **毛毛雨** máomaoyǔ
  명 가랑비

- **阵雨** zhènyǔ
  명 소나기

- **梅雨** méiyǔ
  명 장마

- **暴雨** bàoyǔ
  명 폭우

- **雾** wù
  명 안개

- **大雪** dàxuě
  명 대설

MEMO

哪
어느

- **人**
  rén

  사람

- **哪国人**
  nǎ guó rén

  어느 나라사람

- **是哪国人?**
  Shì nǎ guó rén?

  어느 나라사람인가요?

- **你的爸爸是哪国人?**
  Nǐ de bàba shì nǎ guó rén?

  당신 아빠는 어느 나라사람인가요?

단어 人 rén 명 사람 | 哪 nǎ 대 어느 | 国 guó 명 나라 | 是 shì 동 ~이다 | 你 nǐ 대 너, 당신
的 de 조 ~의 | 爸爸 bàba 명 아빠

기본 문형

你的	爸爸	是	哪	国人?
관형어	주어	동사	의문대사	목적어

➡ 哪의 의미는 '어느', '어떤'으로, 의문문을 만들 수 있는 의문대사이다. 다른 의문조사는 함께
쓰이지 않는다.

你喝的咖啡是哪个?
Nǐ hē de kāfēi shì nǎ ge?

당신이 마신 커피는 어느 것인가요?

喝 hē 동 마시다 | 咖啡 kāfēi 명 커피

你拿走的包是哪个?
Nǐ názǒu de bāo shì nǎ ge?

당신이 가지고 간 가방은 어느 것인가요?

拿走 názǒu 동 가지고 가다 | 包 bāo 명 가방

你看的小说是哪个?
Nǐ kàn de xiǎoshuō shì nǎ ge?

당신이 본 소설은 어느 것인가요?

看 kàn 동 보다 | 小说 xiǎoshuō 명 소설

你养的宠物是哪个?
Nǐ yǎng de chǒngwù shì nǎ ge?

당신이 기르던 애완동물은 어느 것인가요?

养 yǎng 동 기르다 | 宠物 chǒngwù 명 애완동물

你爱的娃娃是哪个?
Nǐ ài de wáwa shì nǎ ge?

당신이 좋아하는 인형은 어느 것인가요?

爱 ài 동 좋아하다, 사랑하다 | 娃娃 wáwa 명 인형

你修的电脑是哪个?
Nǐ xiū de diànnǎo shì nǎ ge?

당신이 수리한 컴퓨터는 어느 것인가요?

修 xiū 동 수리하다 | 电脑 diànnǎo 명 컴퓨터

다음 중국어에 맞게 성조를 표시하며 말해보세요.

① 你 喝 的 咖 啡 是 哪 个 ?　당신이 마신 커피는 어느 것인가요?

② 你 拿 走 的 包 是 哪 个 ?　당신이 가지고 간 가방은 어느 것인가요?

③ 你 看 的 小 说 是 哪 个 ?　당신이 본 소설은 어느 것인가요?

④ 你 养 的 宠 物 是 哪 个 ?　당신이 기르던 애완동물은 어느 것인가요?

⑤ 你 爱 的 娃 娃 是 哪 个 ?　당신이 좋아하는 인형은 어느 것인가요?

⑥ 你 修 的 电 脑 是 哪 个 ?　당신이 수리한 컴퓨터는 어느 것인가요?

플러스 어휘 다음 주제별 어휘들을 확인하고 문장에 활용해 보세요

금융

- **换钱** huànqián
  동 환전하다

- **兑换** duìhuàn
  동 화폐로 교환하다

- **借款** jièkuǎn
  동 돈을 빌려주다

- **贷款** dàikuǎn
  동 대출하다

- **还款** huánkuǎn
  동 돌려주다, 상환하다

- **股价** gǔjià
  명 주가

- **股票** gǔpiào
  명 주식

- **年金** niánjīn
  명 연금

- **保险** bǎoxiǎn
  명 보험

MEMO

36 哪儿
어디

─● **哪儿**
　　nǎr

어디

─● **在哪儿?**
　　Zài nǎr?

어디에 있나요?

─● **公司在哪儿?**
　　Gōngsī zài nǎr?

회사는 어디에 있나요?

─● **你的公司在哪儿?**
　　Nǐ de gōngsī zài nǎr?

당신의 회사는 어디에 있나요?

단어　哪儿 nǎr 때 어디 | 在 zài 통 ~에 있다 | 公司 gōngsī 명 회사 | 你 nǐ 때 너, 당신 | 的 de 조 ~의

기본 문형

你的	公司	在	哪儿?
관형어	주어	동사	의문대사

➡ 哪儿의 의미는 '어디'이며, 장소를 물을 때 쓰이는 의문대사로 의문문을 만들 수 있다. 다른 의문조사는 함께 쓰이지 않는다.

你的学校在哪儿? 당신의 학교는 어디에 있나요?
Nǐ de xuéxiào zài nǎr?

学校 xuéxiào 몡 학교

百货商店在哪儿? 백화점은 어디에 있나요?
Bǎihuò shāngdiàn zài nǎr?

百货商店 bǎihuò shāngdiàn 몡 백화점

十字路口在哪儿? 사거리는 어디에 있나요?
Shízì lùkǒu zài nǎr?

十字路口 shízì lùkǒu 몡 사거리

你在哪儿吃晚饭? 당신은 어디에서 저녁 밥을 먹나요?
Nǐ zài nǎr chī wǎnfàn?

晚饭 wǎnfàn 몡 저녁 밥

你在哪儿洗衣服? 당신은 어디에서 옷을 빠나요?
Nǐ zài nǎr xǐ yīfu?

洗 xǐ 동 빨다, 씻다 | 衣服 yīfu 몡 옷

你在哪儿见朋友? 당신은 어디에서 친구를 만나나요?
Nǐ zài nǎr jiàn péngyou?

见 jiàn 동 만나다 | 朋友 péngyou 몡 친구

다음 중국어에 맞게 성조를 표시하며 말해보세요.

❶– 你的学校在哪儿？ 당신의 학교는 어디에 있나요?

❷– 百货商店在哪儿？ 백화점은 어디에 있나요?

❸– 十字路口在哪儿？ 사거리는 어디에 있나요?

❹– 你在哪儿吃晚饭？ 당신은 어디에서 저녁 밥을 먹나요?

❺– 你在哪儿洗衣服？ 당신은 어디에서 옷을 빠나요?

❻– 你在哪儿见朋友？ 당신은 어디에서 친구를 만나나요?

식사 도구

- **餐刀** cāndāo
  명 나이프

- **叉子** chāzi
  명 양식용 포크

- **匙子** chízi
  명 숟가락, 스푼

- **筷子** kuàizi
  명 젓가락

- **杯子** bēizi
  명 컵

계산

- **请客** qǐngkè
  한턱 내다

- **AA制** AA zhì
  더치페이 하다

- **账单** zhàngdān
  명 계산서

- **打包** dǎbāo
  동 싸가다

MEMO

什么
무엇, 어떤

- **名字**
  míngzi

  이름

- **什么名字?**
  Shénme míngzi?

  이름이 무엇인가요?

- **叫什么名字?**
  Jiào shénme míngzi?

  이름을 뭐라고 부르나요?

- **你叫什么名字?**
  Nǐ jiào shénme míngzi?

  당신의 이름은 무엇인가요?

단어 **名字** míngzi 몡 이름 | **什么** shénme 때 무엇, 어떤 | **叫** jiào 동 부르다 | **你** nǐ 때 너, 당신

기본 문형

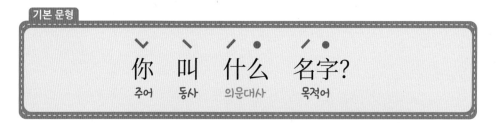

➡ 什么의 의미는 '무엇'이며, 어떠한 것을 물을 때 쓰이는 의문대사로 의문문을 만들 수 있다. 다른 의문조사는 함께 쓰이지 않는다.

你买什么鞋子?
Nǐ mǎi shénme xiézi?

당신은 어떤 신발을 사나요?

买 mǎi 통 사다 | 鞋子 xiézi 명 신발

你吃什么饼干?
Nǐ chī shénme bǐnggān?

당신은 무슨 과자를 먹나요?

吃 chī 통 먹다 | 饼干 bǐnggān 명 과자

你要什么资料?
Nǐ yào shénme zīliào?

당신은 무슨 자료가 필요하나요?

要 yào 통 필요하다 | 资料 zīliào 명 자료

你看什么电影?
Nǐ kàn shénme diànyǐng?

당신은 어떤 영화를 보나요?

看 kàn 통 보다 | 电影 diànyǐng 명 영화

你喜欢什么菜?
Nǐ xǐhuan shénme cài?

당신은 무슨 요리를 좋아하나요?

喜欢 xǐhuan 통 좋아하다 | 菜 cài 명 요리

你准备什么事?
Nǐ zhǔnbèi shénme shì?

당신은 어떤 일을 준비하나요?

准备 zhǔnbèi 통 준비하다 | 事 shì 명 일

다음 중국어에 맞게 성조를 표시하며 말해보세요.

① 你买什么鞋子？

당신은 어떤 신발을 사나요?

② 你吃什么饼干？

당신은 무슨 과자를 먹나요?

③ 你要什么资料？

당신은 무슨 자료가 필요하나요?

④ 你看什么电影？

당신은 어떤 영화를 보나요?

⑤ 你喜欢什么菜？

당신은 무슨 요리를 좋아하나요?

⑥ 你准备什么事？

당신은 어떤 일을 준비하나요?

플러스 어휘

다음 주제별 어휘들을 확인하고 문장에 활용해 보세요

집

- 门口儿 ménkǒur
  명 현관

- 住房 zhùfáng
  명 거실

- 屋子 wūzi
  명 방

- 厨房 chúfáng
  명 부엌

- 阳台 yángtái
  명 베란다

가구

- 饭桌 fànzhuō
  명 식탁

- 床 chuáng
  명 침대

- 书架 shūjià
  명 책꽂이

MEMO

---

38 为什么
왜

- **喜欢**
  xǐhuan

  좋아하다

- **为什么喜欢?**
  Wèishénme xǐhuan?

  왜 좋아하나요?

- **你为什么喜欢?**
  Nǐ wèishénme xǐhuan?

  당신은 왜 좋아하나요?

- **你为什么不喜欢?**
  Nǐ wèishénme bù xǐhuan?

  당신은 왜 좋아하지 않나요?

단어 喜欢 xǐhuan 동 좋아하다 | 为什么 wèishénme 대 왜 | 你 nǐ 대 너, 당신 | 不 bù 부 ~이 아니다

기본 문형

$$你 \quad 为什么 \quad 喜欢?$$
주어 의문대사 동사

➡ 为什么의 의미는 '왜'로 이유를 물을 때 쓰이는 의문대사이며 의문문을 만들 수 있다. 다른 의문 조사는 함께 쓰이지 않는다.

你为什么迟到?
Nǐ wèishénme chídào?

당신은 왜 지각을 하나요?

迟到 chídào 동 지각하다

你为什么不来?
Nǐ wèishénme bù lái?

당신은 왜 오지 않나요?

不 bù 부 ~이 아니다 | 来 lái 동 오다

你为什么难过?
Nǐ wèishénme nánguò?

당신은 왜 괴로워하나요?

难过 nánguò 형 괴롭다, 슬프다

你为什么嘲笑?
Nǐ wèishénme cháoxiào?

당신은 왜 비웃나요?

嘲笑 cháoxiào 동 비웃다

你为什么高兴?
Nǐ wèishénme gāoxìng?

당신은 왜 기뻐 하나요?

高兴 gāoxìng 동 좋아하다

你为什么赚钱?
Nǐ wèishénme zhuànqián?

당신은 왜 돈을 버나요?

赚钱 zhuànqián 동 돈을 벌다

다음 중국어에 맞게 성조를 표시하며 말해보세요.

① ☐☐☐☐☐☐
你 为 什 么 迟 到 ？

당신은 왜 지각을 하나요?

② ☐☐☐☐☐☐
你 为 什 么 不 来 ？

당신은 왜 오지 않나요?

③ ☐☐☐☐☐☐
你 为 什 么 难 过 ？

당신은 왜 괴로워하나요?

④ ☐☐☐☐☐☐
你 为 什 么 嘲 笑 ？

당신은 왜 비웃나요?

⑤ ☐☐☐☐☐☐
你 为 什 么 高 兴 ？

당신은 왜 기뻐 하나요?

⑥ ☐☐☐☐☐☐
你 为 什 么 赚 钱 ？

당신은 왜 돈을 버나요?

신체구조-얼굴

- **脸** liǎn
  명 얼굴

- **头** tóu
  명 머리

- **额头** étou
  명 이마

- **眉** méi
  명 눈썹

- **眼睛** yǎnjing
  명 눈

- **睫毛** jiémáo
  명 속눈썹

- **双眼皮** shuāngyǎnpí
  명 쌍꺼풀

- **鼻子** bízi
  명 코

- **嘴唇** zuǐchún
  명 입술

- **嘴** zuǐ
  명 입

- **耳朵** ěrduo
  명 귀

- **下巴** xiàba
  명 턱

39 怎么
어떻게

● 走
zǒu

가다

● 怎么走?
Zěnme zǒu?

어떻게 가나요?

● 星巴克怎么走?
Xīngbākè zěnme zǒu?

스타벅스는 어떻게 가나요?

단어　走 zǒu 동 걷다 | 怎么 zěnme 대 어떻게 | 星巴克 Xīngbākè 명 스타벅스

기본 문형

星巴克	怎么	走?
주어	의문대사	동사

➡ 怎么의 의미는 '왜', '어떻게'로, 방법을 물을 때 쓰이는 의문대사이며 의문문을 만들 수 있다. 다른 의문조사는 함께 쓰이지 않는다.

这个字怎么写?
이 글자는 어떻게 쓰나요?

Zhè ge zì zěnme xiě?

字 zì 명 글자 | 写 xiě 동 쓰다

这个字怎么读?
이 글자는 어떻게 읽나요?

Zhè ge zì zěnme dú?

读 dú 동 읽다

这道菜怎么吃?
이 요리는 어떻게 먹나요?

Zhè dào cài zěnme chī?

道 dào 양 종류 | 菜 cài 명 요리 | 吃 chī 동 먹다

这道菜怎么做?
이 요리는 어떻게 하나요?

Zhè dào cài zěnme zuò?

做 zuò 동 하다, 만들다

这件事怎么办?
이 일은 어떻게 처리하나요?

Zhè jiàn shì zěnme bàn?

件 jiàn 양 사건 | 事 shì 명 일 | 办 bàn 동 처리하다

这个包怎么卖?
이 가방은 어떻게 파나요?

Zhè ge bāo zěnme mài?

包 bāo 명 가방 | 卖 mài 동 팔다

❶- 这个字怎么写？   이 글자는 어떻게 쓰나요?

❷- 这个字怎么读？   이 글자는 어떻게 읽나요?

❸- 这道菜怎么吃？   이 요리는 어떻게 먹나요?

❹- 这道菜怎么做？   이 요리는 어떻게 하나요?

❺- 这件事怎么办？   이 일은 어떻게 처리하나요?

❻- 这个包怎么卖？   이 가방은 어떻게 파나요?

다음 주제별 어휘들을 확인하고 문장에 활용해 보세요

신체구조-몸

- **脖子** bózi
  명 목

- **肚子** dùzi
  명 배

- **肩膀** jiānbǎng
  명 어깨

- **屁股** pìgu
  명 엉덩이

- **胳膊** gēbo
  명 팔

- **腿** tuǐ
  명 다리

- **手** shǒu
  명 손

- **膝盖** xīgài
  명 무릎

- **手指** shǒuzhǐ
  명 손가락

- **足** zú
  명 발

- **腰** yāo
  명 허리

- **脚趾** jiǎozhǐ
  명 발가락

怎么样
어떠하다

● **怎么样**
zěnmeyàng

어때요

● **衣服怎么样?**
Yīfu zěnmeyàng?

옷이 어때요?

● **这件衣服怎么样?**
Zhè jiàn yīfu zěnmeyàng?

이 옷 어때요?

단어 **怎么样** zěnmeyàng 대 어떠하다 | **衣服** yīfu 명 옷 | **件** jiàn 양 벌 | **这** zhè 대 이, 이것

기본 문형

> \ \ — • ∨ • \
>
> # 这件衣服 怎么样?
> 지시대사＋양사＋명사   의문대사
> 주어

➡ **怎么样**은 '어떠하다'로, 상대방의 의견을 물을 때 쓰이는 의문대사이며 의문문을 만들 수 있다. 다른 의문조사는 함께 쓰이지 않는다.

你的身体怎么样?　당신 건강은 어때요?
Nǐ de shēntǐ zěnmeyàng?

身体 shēntǐ 뗑 건강, 몸

他的简报怎么样?　그의 브리핑은 어때요?
Tā de jiǎnbào zěnmeyàng?

简报 jiǎnbào 뗑 브리핑

今天天气怎么样?　오늘 날씨는 어때요?
Jīntiān tiānqì zěnmeyàng?

今天 jīntiān 뗑 오늘 | 天气 tiānqì 뗑 날씨

那家公司怎么样?　그 회사는 어떤가요?
Nà jiā gōngsī zěnmeyàng?

家 jiā 뗑 회사, 상점을 세는 양사 | 公司 gōngsī 뗑 회사

他的性格怎么样?　그의 성격은 어때요?
Tā de xìnggé zěnmeyàng?

性格 xìnggé 뗑 성격

菜的味道怎么样?　음식 맛은 어때요?
Cài de wèidao zěnmeyàng?

菜 cài 뗑 요리 | 的 de 졩 ~의, 것 | 味道 wèidao 뗑 맛

다음 중국어에 맞게 성조를 표시하며 말해보세요.

❶- 你 的 身 体 怎 么 样 ?　　당신 건강은 어때요?

❷- 他 的 简 报 怎 么 样 ?　　그의 브리핑은 어때요?

❸- 今 天 天 气 怎 么 样 ?　　오늘 날씨는 어때요?

❹- 那 家 公 司 怎 么 样 ?　　그 회사는 어떤가요?

❺- 他 的 性 格 怎 么 样 ?　　그의 성격은 어때요?

❻- 菜 的 味 道 怎 么 样 ?　　음식 맛은 어때요?

다음 주제별 어휘들을 확인하고 문장에 활용해 보세요

의복

- **连衣裙** liányīqún
  - 명 원피스

- **T恤衫** T xùshān
  - 명 티셔츠

- **衬衫** chènshān
  - 명 와이셔츠

- **西服** xīfú
  - 명 양복

- **袜子** wàzi
  - 명 양말

- **长袜** chángwà
  - 명 스타킹

- **领带** lǐngdài
  - 명 넥타이

- **腰带** yāodài
  - 명 벨트

MEMO

什么时候
언제

- **中国**
  Zhōngguó

  중국

- **来中国**
  lái Zhōngguó

  중국에 오다

- **什么时候来中国?**
  Shénme shíhou lái Zhōngguó?

  언제 중국에 왔나요?

- **你什么时候来中国?**
  Nǐ shénme shíhou lái Zhōngguó?

  당신은 언제 중국에 왔나요?

> 단어 中国 Zhōngguó 명 중국 | 来 lái 동 오다 | 什么时候 shénme shíhou 대 언제 | 你 nǐ 대 너, 당신

기본 문형

你	什么时候	来	中国?
주어	의문대사	동사	목적어

➡ **什么时候**는 '언제'라는 의미로, 시간 또는 때를 물을 때 쓰이는 의문대사이며 의문문을 만들 수 있다. 다른 의문조사는 함께 쓰이지 않는다.

你什么时候去留学?
Nǐ shénme shíhou qù liúwué?

당신은 언제 유학을 가나요?

去 qù 동 가다 | 留学 liúxué 동 유학하다

你什么时候见朋友?
Nǐ shénme shíhou jiàn péngyou?

당신은 언제 친구를 만나요?

见 jiàn 동 만나다 | 朋友 péngyou 명 친구

你什么时候有时间?
Nǐ shénme shíhou yǒu shíjiān?

당신은 언제 시간이 있나요?

有 yǒu 동 있다 | 时间 shíjiān 명 시간

我们什么时候开会?
Wǒmen shénme shíhou kāihuì?

우리는 언제 회의를 시작하나요?

我们 wǒmen 대 우리 | 开会 kāihuì 동 회의를 하다

飞机什么时候起飞?
Fēijī shénme shíhou qǐfēi?

비행기는 언제 이륙하나요?

飞机 fēijī 명 비행기 | 起飞 qǐfēi 동 이륙하다

姐姐什么时候毕业?
Jiějie shénme shíhou bìyè?

언니는 언제 졸업하나요?

姐姐 jiějie 명 언니, 누나 | 毕业 bìyè 동 졸업하다

다음 중국어에 맞게 성조를 표시하며 말해보세요.

☐☐☐☐☐☐☐☐

❶ — 你什么时候去留学？ 당신은 언제 유학을 가나요?

☐☐☐☐☐☐☐☐

❷ — 你什么时候见朋友？ 당신은 언제 친구를 만나요?

☐☐☐☐☐☐☐

❸ — 你什么时候有时间？ 당신은 언제 시간이 있나요?

☐☐☐☐☐☐☐☐

❹ — 我们什么时候开会？ 우리는 언제 회의를 시작하나요?

☐☐☐☐☐☐☐

❺ — 飞机什么时候起飞？ 비행기는 언제 이륙하나요?

☐☐☐☐☐☐☐

❻ — 姐姐什么时候毕业？ 언니는 언제 졸업하나요?

화장품

- **化妆品** huàzhuāngpǐn
  명 화장품

- **化妆水** huàzhuāngshuǐ
  명 스킨

- **乳液** rǔyè
  명 로션

- **眼霜** yǎnshuāng
  명 아이크림

- **营养蜜** yíngyǎngmì
  명 영양크림

- **防晒霜** fángshàishuāng
  명 썬크림

- **粉底液** fěndǐyè
  명 파운데이션

- **粉饼** fěnbǐng
  명 파우더

- **眼影** yǎnyǐng
  명 아이섀도

- **睫毛膏** jiémáogāo
  명 마스카라

- **口红** kǒuhóng
  명 립스틱

42 多少
얼마나

● 钱
qián

돈

● 多少钱?
Duōshao qián?

얼마인가요?

● 苹果多少钱?
Píngguǒ duōshao qián?

사과는 얼마인가요?

● 这个苹果多少钱?
Zhè ge píngguǒ duōshao qián?

이 사과는 얼마인가요?

단어　钱 qián 명 돈 | 多少 duōshao 대 얼마 | 苹果 píngguǒ 명 사과 | 这 zhè 대 이, 이것 | 个 gè 양 개

기본 문형

这个苹果	多少	钱?
지시대사 + 양사 + 명사	의문대사	목적어
주어		

➡ 多少는 '얼마', '몇'으로, 수량을 물을 때 쓰이는 의문대사이며 의문문을 만들 수 있다. 多少는 10 이상의 숫자를 물어보거나, 가격을 물을 때 쓰이며, 다른 의문조사는 함께 쓰이지 않는다.

这个一斤多少钱?
Zhè ge yì jīn duōshao qián?

이거 500g에 얼마에요?

斤 jīn 명 500g

你的教室多少度?
Nǐ de jiàoshì duōshao dù?

당신의 교실은 몇 도 인가요?

教室 jiàoshì 명 교실 | 度 dù 명 온도

公司里有多少人?
Gōngsīli yǒu duōshao rén?

회사에 사람이 얼마나 있나요?

公司 gōngsī 명 회사 | 有 yǒu 동 있다 | 人 rén 명 사람

一共花了多少钱?
Yígòng huā le duōshao qián?

모두 얼마를 사용했나요?

一共 yígòng 부 모두 | 花 huā 동 소비하다, 쓰다 | 钱 qián 명 돈

电话号码是多少?
Diànhuà hàomǎ shì duōshao?

전화번호가 몇 번 인가요?

电话 diànhuà 명 전화 | 号码 hàomǎ 명 번호

你有多少个鞋子?
Nǐ yǒu duōshao ge xiézi?

당신은 신발이 몇 개 있나요?

鞋子 xiézi 명 신발

다음 중국어에 맞게 성조를 표시하며 말해보세요.

①— 这 个 一 斤 多 少 钱？   이거 500g에 얼마에요?

②— 你 的 教 室 多 少 度？   당신의 교실은 몇 도 인가요?

③— 公 司 里 有 多 少 人？   회사에 사람이 얼마나 있나요?

④— 一 共 花 了 多 少 钱？   모두 얼마를 사용했나요?

⑤— 电 话 号 码 是 多 少？   전화번호가 몇 번 인가요?

⑥— 你 有 多 少 个 鞋 子？   당신은 신발이 몇 개 있나요?

다음 주제별 어휘들을 확인하고 문장에 활용해 보세요

십이간지

- 鼠 shǔ
  명 쥐

- 牛 niú
  명 소

- 虎 hǔ
  명 호랑이

- 兔 tù
  명 토끼

- 龙 lóng
  명 용

- 蛇 shé
  명 뱀

- 马 mǎ
  명 말

- 羊 yáng
  명 양

- 猴 hóu
  명 원숭이

- 鸡 jī
  명 닭

- 狗 gǒu
  명 개

- 猪 zhū
  명 돼지

43 几
몇

- ### 人
  rén
  사람

- ### 几口人?
  Jǐ kǒu rén?
  몇 명인가요?

- ### 有几口人?
  Yǒu jǐ kǒu rén?
  몇 명이 있나요?

- ### 你家有几口人?
  Nǐ jiā yǒu jǐ kǒu rén?
  당신의 식구는 몇 명인가요?

단어 人 rén 명 사람 | 几 jǐ 대 몇 | 口 kǒu 양 식구 | 有 yǒu 동 있다 | 你 nǐ 대 너, 당신

기본 문형

你家   有   几   口   人?
주어   동사   의문대사   양사   목적어

➡ 几는 '몇'으로, 수량을 물을 때 쓰이는 의문대사이며 의문문을 만들 수 있다. 几는 10 이하의 숫자, 시간, 요일을 물을 때 쓰이며, 다른 의문조사는 함께 쓰이지 않는다.

你买了几个包?
Nǐ mǎi le jǐ ge bāo?

당신은 가방을 몇 개 샀나요?

买 mǎi 통 사다 | 包 bāo 명 가방

大后天星期几?
Dàhòutiān xīngqī jǐ?

글피는 몇 요일인가요?

大后天 dàhòutiān 명 글피 | 星期 xīngqī 명 요일

这个楼有几层?
Zhè ge lóu yǒu jǐ céng?

이 건물은 몇 층인가요?

这 zhè 대 이, 이것 | 个 gè 양 개 | 楼 lóu 명 건물 | 层 céng 양 층

今天几月几号?
Jīntiān jǐ yuè jǐ hào?

오늘은 몇 월 며칠인가요?

今天 jīntiān 명 오늘 | 月 yuè 명 월 | 号 hào 명 일

现在中午几点?
Xiànzài zhōngwǔ jǐ diǎn?

지금은 오후 몇 시인가요?

现在 xiànzài 명 현재 | 中午 zhōngwǔ 명 오후 | 点 diǎn 양 시간

明天有几门课?
Míngtiān yǒu jǐ mén kè?

내일은 몇 과목이 있나요?

明天 míngtiān 명 내일 | 门 mén 양 가지, 과목 | 课 kè 명 과목

다음 중국어에 맞게 성조를 표시하며 말해보세요.

① 你买了几个包? 당신은 가방을 몇 개 샀나요?

② 大后天星期几? 글피는 몇 요일인가요?

③ 这个楼有几层? 이 건물은 몇 층인가요?

④ 今天几月几号? 오늘은 몇 월 며칠인가요?

⑤ 现在中午几点? 지금은 오후 몇 시인가요?

⑥ 明天有几门课? 내일은 몇 과목이 있나요?

플러스 어휘

다음 주제별 어휘들을 확인하고 문장에 활용해 보세요

미용

- **打扮** dǎban
  동 치장하다, 단장하다

- **染** rǎn
  동 염색하다

- **吹风** chuīfēng
  동 드라이하다

- **烫发** tàngfà
  동 파마하다

- **剪** jiǎn
  동 자르다

맛

- **味道** wèidao
  명 맛

- **酸** suān
  형 시다

- **辣** là
  형 맵다

- **咸** xián
  형 짜다

- **甜** tián
  형 달다

- **苦** kǔ
  형 쓰다

- **淡** dàn
  형 싱겁다

1 다음 한자에 맞는 병음을 써 보세요.

❶ 认识 ➡ _____

❷ 孩子 ➡ _____

❸ 宠物 ➡ _____

❹ 晚饭 ➡ _____

❺ 迟到 ➡ _____

❻ 身体 ➡ _____

2 아래 문장에서 병음은 한자를, 한자는 병음을 적으세요.

❶ 你不是认识老板吗?　➡ _____

❷ Nǐ zài nǎr chī wǎnfàn?　➡ _____

❸ Nǐ xǐhuan shénme cài?　➡ _____

❹ 今天几月几号?　➡ _____

답안 1. ① rènshi ② háizi ③ chǒngwù ④ wǎnfàn ⑤ chídào ⑥ shēntǐ
2. ① Nǐ bú shì rènshi lǎobǎn ma? ② 你在哪儿吃晚饭? ③ 你喜欢什么菜? ④ Jīntiān jǐ yuè
jǐ hào?

3 다음 오른쪽에 있는 문장을 참고하여 빈칸에 알맞은 단어를 쓰세요.

① 教韩语的人是 　　　　 ?　　　　당신 왼쪽에 있는 사람은 누구인가요?

② Shízì lùkǒu zài 　　　　 ?　　　　사거리는 어디인가요?

③ 스타벅스는 　　　　 가나요?　　　　Xīngbākè zěnme qù?

④ 你 　　　　 有时间?　　　　당신은 언제 시간이 있나요?

4 다음 우리말을 중국어 문장으로 만들어 보세요.

① 당신은 북경에 가실래요, 아니면 미국에 가실래요? ➡ ＿＿＿＿＿＿＿＿＿＿

② 당신의 이름은 무엇인가요?　　　➡ ＿＿＿＿＿＿＿＿＿＿＿＿

③ 오늘 날씨는 어때요?　　　　➡ ＿＿＿＿＿＿＿＿＿＿＿＿

④ 이거 500g에 얼마에요?　　　➡ ＿＿＿＿＿＿＿＿＿＿＿＿

답안 3. ① 谁 ② nǎr ③ 어떻게 ④ 什么时候
4. ① 你去北京还是去美国? ② 你叫什么名字? ③ 今天天气怎么样? ④ 这个一斤多少钱?

08장

문장의 시간, 동작의 상태와 반복을 나타내는 부사!

—

학습 목표

1 부사의 의미를 익힌다.

2 부사의 의미가 문장에서 나타내는 기능을 파악한다.

3 부사의 위치와 쓰임을 익힌다.

4 부사와 같이 쓰이는 조사를 함께 익힌다.

常常
자주, 항상

● **下雨**
 xiàyǔ

비가 온다

● **常常下雨**
 chángcháng xiàyǔ

비가 자주 온다

● **这儿常常下雨。**
 Zhèr chángcháng xiàyǔ.

이곳에는 비가 자주 온다.

● **这儿常常不下雨。**
 Zhèr chángcháng bú xiàyǔ.

이곳에는 비가 자주 오지 않는다.

단어 **下雨 xiàyǔ** 동 비가 온다 | **常常 chángcháng** 부 자주 | **这儿 zhèr** 대 여기 | **不 bù** 부 ~이 아니다

기본 문형

> 这儿　常常　下雨。
> 주어　　부사　　술어

➡ 부사는 동사나 형용사 술어 앞에 쓰여 술어를 수식하는 품사로, 문장에서 동작이나 행위의
상태, 시간, 정도 등을 나타낸다. **常常**은 동작의 발생 빈도를 나타내는 부사로, '자주', '항상'
이라는 뜻으로 쓰인다. 부사가 있는 문장에서 부정문은 부정부사 **不**를 술어 앞에 쓴다.

문장 패턴

老板常常迟到。　사장이 자주 지각한다.
Lǎobǎn chángcháng chídào.

老板 lǎobǎn 몡 사장 ｜ 迟到 chídào 동 지각하다

妻子常常唠叨。　아내가 자주 잔소리를 한다.
Qīzi chángcháng láodao.

妻子 qīzi 몡 아내 ｜ 唠叨 láodao 동 잔소리하다

阿姨常常生气。　아주머니가 자주 화를 낸다.
Āyí chángcháng shēngqì.

阿姨 āyí 몡 아주머니 ｜ 生气 shēngqì 동 화내다

职员常常请假。　직원이 자주 휴가를 낸다.
Zhíyuán chángcháng qǐngjià.

职员 zhíyuán 몡 직원 ｜ 请假 qǐngjià 동 휴가를 내다

我们常常吵架。　우리는 자주 싸운다.
Wǒmen chángcháng chǎojià.

我们 wǒmen 떼 우리 ｜ 吵架 chǎojià 동 말다툼하다

饭店常常关门。　식당이 자주 문을 닫는다.
Fàndiàn chángcháng guānmén.

饭店 fàndiàn 몡 식당 ｜ 关门 guānmén 동 문을 닫다

다음 중국어에 맞게 성조를 표시하며 말해보세요.

❶− 老板常常迟到。 사장이 자주 지각한다.

❷− 妻子常常唠叨。 아내가 자주 잔소리를 한다.

❸− 阿姨常常生气。 아주머니가 자주 화를 낸다.

❹− 职员常常请假。 직원이 자주 휴가를 낸다.

❺− 我们常常吵架。 우리는 자주 싸운다.

❻− 饭店常常关门。 식당이 자주 문을 닫는다.

다음 주제별 어휘들을 확인하고 문장에 활용해 보세요

청소

- **垃圾** lājī
  명 쓰레기

- **橡皮手套** xiàngpí shǒutào
  명 고무장갑

- **灰尘** huīchén
  명 먼지

- **手洗** shǒuxǐ
  손빨래를 하다

- **扫** sǎo
  동 쓸다

- **干洗** gānxǐ
  동 드라이클리닝을 하다

- **擦** cā
  동 닦다

- **垃圾箱** lājīxiāng
  명 휴지통

- **分类处理** fēnlèi chǔlǐ
  분리 수거

还
또, 더욱

- **吃东西**
  chī dōngxi

  음식을 먹다

- **要吃东西**
  yào chī dōngxi

  음식을 먹으려고 한다

- **还要吃东西**
  hái yào chī dōngxi

  음식을 또 먹으려고 한다

- **我还要吃东西。**
  Wǒ hái yào chī dōngxi.

  나는 음식을 또 먹으려고 한다.

단어 吃 chī 동 먹다 | 东西 dōngxi 명 먹을 것, 물건 | 要 yào 조동 ~하려고 하다 | 还 hái 부 또

기본 문형

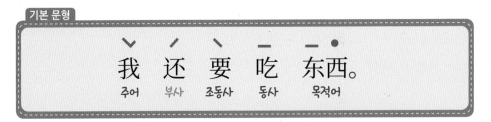

➡ 还 hái는 현재의 동작 또는 상태가 변화 없이 지속되는 빈도를 나타내는 부사이며, '또', '더'라는 뜻으로 쓰인다. 이 밖에도 동작이나 상태가 지속됨을 나타내는 의미의 '아직', '여전히'라는 뜻도 있다. 还는 huán으로도 읽을 수 있는데, 이 때에는 '(물건을) 돌려주다', '(돈을) 갚다'라는 뜻으로 쓰인다.

我还想去日本。
Wǒ hái xiǎng qù Rìběn.
나는 일본에 또 가고 싶다.

想 xiǎng 조동 ~하고 싶다 ｜ 去 qù 동 가다 ｜ 日本 Rìběn 명 일본

我还想见爱人。
Wǒ hái xiǎng jiàn àiren.
나는 남편이 또 보고 싶다.

见 jiàn 동 만나다 ｜ 爱人 àiren 명 남편 또는 아내

我还要穿衣服。
Wǒ hái yào chuān yīfu.
나는 옷을 더 입으려고 한다.

要 yào 조동 ~하려고 하다 ｜ 穿 chuān 동 입다 ｜ 衣服 yīfu 명 옷

我还要点一份。
Wǒ hái yào diǎn yífèn.
나는 1인분 더 주문하려고 한다.

点 diǎn 동 주문하다 ｜ 一份 yífèn 명 한 사람 몫

我还要喝啤酒。
Wǒ hái yào hē píjiǔ.
나는 맥주를 더 마시려고 한다.

喝 hē 동 마시다 ｜ 啤酒 píjiǔ 명 맥주

我还有一个事。
Wǒ hái yǒu yí ge shì.
나는 아직 일이 더 있다.

有 yǒu 동 있다 ｜ 个 gè 양 개 ｜ 事 shì 명 일

다음 중국어에 맞게 성조를 표시하며 말해보세요.

① 我还想去日本。   나는 일본에 또 가고 싶다.

② 我还想见爱人。   나는 남편이 또 보고 싶다.

③ 我还要穿衣服。   나는 옷을 더 입으려고 한다.

④ 我还要点一份。   나는 1인분을 더 주문하려고 한다.

⑤ 我还要喝啤酒。   나는 맥주를 더 마시려고 한다.

⑥ 我还有一个事。   나는 아직 일이 더 있다.

다음 주제별 어휘들을 확인하고 문장에 활용해 보세요

음식

- **盒饭** héfàn
  명 도시락

- **乌冬面** wūdōngmiàn
  명 우동

- **冷面** lěngmiàn
  명 냉면

- **意大利面** yìdàlìmiàn
  명 스파게티

- **咖喱** gālí
  명 카레

패스트푸드점

- **必胜客** Bìshèngkè
  피자헛

- **乐天利** Lètiānlì
  롯데리아

- **肯德基** Kěndéjī
  KFC

- **汉堡王** Hànbǎowáng
  버거킹

- **麦当劳** Màidāngláo
  맥도날드

MEMO

46 再
다시, 재차

● **见面**
jiànmiàn

만나다

● **再见面**
zài jiànmiàn

다시 만나다

● **明天再见面。**
Míngtiān zài jiànmiàn.

내일 다시 만나다.

단어   见面 jiànmiàn 동 만나다 | **再** zài 부 다시 | **明天** míngtiān 명 내일

기본 문형

$$\text{明天} \quad \text{再} \quad \text{见面。}$$

明天 （주어）　再 （부사）　见面。 （동사）

➡ 再는 어떤 일이 아직 발생하지 않은 미래에 반복되거나 진행됨을 나타내는 부사로 어떠한 일을
청하거나 명령할 때 자주 쓰이며, '다시', '재차'라는 뜻으로 쓰인다.

明天再来吧。
Míngtiān zài lái ba.

내일 다시 오세요.

来 lái 통 오다 | 吧 ba 조 문장 끝에 쓰여 어기를 나타내는 조사

以后再联系。
Yǐhòu zài liánxì.

이후에 다시 연락해요.

以后 yǐhòu 명 이후 | 联系 liánxì 통 연락하다

他再找工作。
Tā zài zhǎo gōngzuò.

그는 다시 일을 찾는다.

找 zhǎo 통 찾다 | 工作 gōngzuò 명 일

请再说一遍。
Qǐng zài shuō yí biàn.

다시 한 번 말해주세요.

请 qǐng 상대에게 어떤 일을 부탁할때 쓰는 겸어 | 说 shuō 통 말하다 | 遍 biàn 양 번, 회(동작의 횟수를 세는 양사)

再来一碗饭。
Zài lái yì wǎn fàn.

밥 한 그릇 더 주세요.

碗 wǎn 양 공기, 사발(그릇을 세는 양사) | 饭 fàn 명 밥

再商量一下。
Zài shāngliang yíxià.

다시 한 번 상의하세요.

商量 shāngliang 통 상의하다 | 一下 yíxià 양 한번

다음 중국어에 맞게 성조를 표시하며 말해보세요.

①- 明天再来吧。

내일 다시 오세요.

②- 以后再联系。

이후에 다시 연락해요.

③- 他再找工作。

그는 다시 일을 찾는다.

④- 请再说一遍。

다시 한 번 말해주세요.

⑤- 再来一碗饭。

밥 한 그릇 더 주세요.

⑥- 再商量一下。

다시 한 번 상의하세요.

다음 주제별 어휘들을 확인하고 문장에 활용해 보세요

질병

- **感冒** gǎnmào
  - 동 감기 걸리다

- **咳嗽** késou
  - 동 기침하다

- **头疼** tóuténg
  - 동 머리가 아프다

- **鼻涕** bítì
  - 명 콧물

- **牙疼** yáténg
  - 동 이가 아프다

- **恶心** ěxin
  - 동 속이 메스껍다

- **发烧** fāshāo
  - 동 열이 나다

- **高血压** gāoxuèyā
  - 명 고혈압

MEMO

又
또, 다시

●─ **见面**
jiànmiàn

만나다

●─ **又见面了**
yòu jiànmiàn le

또 만났다

●─ **昨天又见面了。**
Zuótiān yòu jiànmiàn le.

어제 또 만났다.

단어　**见面** jiànmiàn 동 만나다 ｜ **又** yòu 부 또 ｜ **了** le 조 완료를 나타내는 조사 ｜ **昨天** zuótiān 명 어제

기본 문형

昨天　又　见面　了。
주어　부사　술어　조사

➡ 又는 이미 발생했던 일이 반복되었거나 중복됨을 나타내는 부사이며, '또', '다시'라는 뜻이다. 과거에 이미 발생한 사건을 나타내기 때문에 완료를 나타내는 조사 了와 자주 함께 쓰인다.

문장 패턴

妈妈又睡觉了。
Māma yòu shuìjiào le.

엄마는 또 잔다.

妈妈 māma 명 엄마 | 睡觉 shuìjiào 동 자다

妈妈又做饭了。
Māma yòu zuòfàn le.

엄마는 또 밥을 했다.

做饭 zuòfàn 동 밥을 하다

爸爸又喝醉了。
Bàba yòu hē zuì le.

아빠는 또 술에 취했다.

爸爸 bàba 명 아빠 | 喝醉 hē zuì 동 술을 마셔 취하다

孩子又生病了。
Háizi yòu shēngbìng le.

아이는 또 병이 났다.

孩子 háizi 명 어린아이 | 生病 shēngbìng 동 병이 나다

姐姐又失恋了。
Jiějie yòu shīliàn le.

언니는 또 실연을 했다.

姐姐 jiějie 명 누나, 언니 | 失恋 shīliàn 동 실연하다

弟弟又摔倒了。
Dìdi yòu shuāidǎo le.

남동생이 또 넘어졌다.

弟弟 dìdi 명 남동생 | 摔倒 shuāidǎo 넘어지다

　다음 중국어에 맞게 성조를 표시하며 말해보세요.

❶- 妈妈又睡觉了。　엄마는 또 잔다.

❷- 妈妈又做饭了。　엄마는 또 밥을 했다.

❸- 爸爸又喝醉了。　아빠는 또 술에 취했다.

❹- 孩子又生病了。　아이는 또 병이 났다.

❺- 姐姐又失恋了。　언니는 또 실연을 했다.

❻- 弟弟又摔倒了。　남동생이 또 넘어졌다.

다음 주제별 어휘들을 확인하고 문장에 활용해 보세요

병원

- **病人** bìngrén
  명 환자

- **看病** kàbìng
  동 진찰하다

- **医生** yīshēng
  명 의사

- **手术** shǒushù
  명 수술

- **护士** hùshi
  명 간호사

- **住院** zhùyuàn
  동 입원하다

- **药师** yàoshī
  명 약사

- **出院** chūyuàn
  동 퇴원하다

MEMO

48 很
매우

● **动物**
dòngwù

동물

● **喜欢动物**
xǐhuan dòngwù

동물을 좋아한다

● **很喜欢动物**
hěn xǐhuan dòngwù

동물을 매우 좋아한다

● **我很喜欢动物。**
Wǒ hěn xǐhuan dòngwù.

나는 동물을 매우 좋아한다.

단어   **动物** dòngwù 명 동물 | **喜欢** xǐhuan 동 좋아하다 | **很** hěn 부 매우 | **我** wǒ 대 나

기본 문형

ˇ	´	ˇ ●	ˋ ˋ
我	**很**	**喜欢**	**动物。**
주어	부사	심리동사	목적어

➡ **很**은 형용사술어 앞에 쓰여 형용사의 정도를 나타내는 부사로, '매우'라는 뜻이다. 형용사 외에 위의 예문처럼 심리작용을 나타내는 동사 앞에 놓여 정도를 나타내기도 한다.

我很喜欢棒球。
Wǒ hěn xǐhuan bàngqiú.

나는 야구를 매우 좋아한다.

棒球 bàngqiú 명 야구

这孩子很聪明。
Zhè háizi hěn cōngming.

이 아이는 매우 총명하다.

这 zhè 데 이, 이것 | 孩子 háizi 명 어린아이 | 聪明 cōngming 형 총명하다

今天天气很热。
Jīntiān tiānqì hěn rè.

오늘 날씨가 매우 덥다.

今天 jīntiān 명 오늘 | 天气 tiānqì 명 날씨 | 热 rè 형 덥다

中国菜很好吃。
Zhōngguó cài hěn hǎochī.

중국요리가 매우 맛있다.

菜 cài 명 요리 | 好吃 hǎochī 형 맛있다

这个人很懒惰。
Zhè ge rén hěn lǎnduò.

이 사람은 매우 게으르다.

人 rén 명 사람 | 懒惰 lǎnduò 형 게으르다

男朋友很热情。
Nánpéngyou hěn rèqíng.

남자친구가 매우 다정하다.

男朋友 nánpéngyou 명 남자친구 | 热情 rèqíng 형 다정다감하다

다음 중국어에 맞게 성조를 표시하며 말해보세요.

① 我 很 喜 欢 棒 球。　　나는 야구를 매우 좋아한다.

② 这 孩 子 很 聪 明。　　이 아이는 매우 총명하다.

③ 今 天 天 气 很 热。　　오늘 날씨가 매우 덥다.

④ 中 国 菜 很 好 吃。　　중국요리가 매우 맛있다.

⑤ 这 个 人 很 懒 惰。　　이 사람은 매우 게으르다.

⑥ 男 朋 友 很 热 情。　　남자친구가 매우 다정하다.

다음 주제별 어휘들을 확인하고 문장에 활용해 보세요

택배

- **速递** sùdì
  명 택배

- **寄** jì
  동 보내다, 부치다

- **箱子** xiāngzi
  명 상자

- **邮件** yóujiàn
  명 우편물

- **包装** bāozhuāng
  동 포장하다

- **地址** dìzhǐ
  명 주소

- **包裹** bāoguǒ
  명 소포

- **航空信** hángkōngxìn
  명 항공 우편

MEMO

49 太…了

매우 ~하다, 너무 ~하다

- **高**
  gāo

  높다

- **太高了**
  tài gāo le

  매우 높다

- **个子太高了。**
  Gèzi tài gāo le.

  키가 매우 크다.

- **个子不太高。**
  Gèzi bú tài gāo.

  키가 그다지 크지 않다.

단어 高 gāo 형 높다 | 太 tài 부 매우 | 个子 gèzi 명 키

기본 문형

个子	太	高	了。
주어	부사	술어	조사

➡ **太**는 정도가 너무 지나치거나 심할 때 형용사술어 앞에 쓰여 형용사의 정도를 나타내는 부사로, 문장 끝에 **了**와 같이 쓰여 '매우 ~하다', '아주 ~하다'라는 뜻이다. 부정형은 **不太**로 '그다지 ~하지 않다'라는 의미이며, 정도가 약함을 의미한다.

身材太胖了。
Shēncái tài pàng le.

몸매가 너무 뚱뚱하다.

身材 shēncái 몡 몸매 | 胖 pàng 형 뚱뚱하다

能力太棒了。
Nénglì tài bàng le.

실력이 너무 뛰어나다.

能力 nénglì 몡 능력 | 棒 bàng 형 훌륭하다, 뛰어나다

天气太冷了。
Tiānqì tài lěng le.

날씨가 너무 춥다.

天气 tiānqì 몡 날씨 | 冷 lěng 형 춥다

咖啡太苦了。
Kāfēi tài kǔ le.

커피가 너무 쓰다.

咖啡 kāfēi 몡 커피 | 苦 kǔ 형 쓰다

你太过分了。
Nǐ tài guòfèn le.

당신은 너무 지나치다.

过分 guòfèn 동 (말이나 행동이) 지나치다

他太热情了。
Tā tài rèqíng le.

그는 매우 열정적이다.

热情 rèqíng 형 열정적이다

다음 중국어에 맞게 성조를 표시하며 말해보세요.

① 身材太胖了。　　몸매가 너무 뚱뚱하다.

② 能力太棒了。　　실력이 너무 뛰어나다.

③ 天气太冷了。　　날씨가 너무 춥다.

④ 咖啡太苦了。　　커피가 너무 쓰다.

⑤ 你太过分了。　　당신은 너무 지나치다.

⑥ 他太热情了。　　그는 매우 열정적이다.

다음 주제별 어휘들을 확인하고 문장에 활용해 보세요

식당

- **吃腻** chīnì
  동 질리다

- **拿手菜** náshǒucài
  명 가장 자신 있는 요리

- **续杯** xùbēi
  명 리필

- **菜单** càidān
  명 메뉴

- **买单** mǎidān
  명 계산서

MEMO

50

正在…呢
(지금) ~을 하고 있다

● 汉语
　Hànyǔ

중국어

● 学汉语
　xué Hànyǔ

중국어를 배우다

● 正在学汉语呢。
　Zhèngzài xué Hànyǔ ne.

중국어를 배우고 있다.

● 我正在学汉语呢。
　Wǒ zhèngzài xué Hànyǔ ne.

나는 중국어를 배우고 있다.

단어　汉语 Hànyǔ 몡 중국어 | 学 xué 동 배우다 | 正在 zhèngzài 븟 ~을 하고 있다 | 我 wǒ 때 나
呢 ne 조 문장 끝에 쓰이는 어기조사

기본 문형

我	正在	学	汉语	呢。
주어	부사	동사	목적어	조사

➡ 正在는 동사술어 앞에서 어떤 동작이 진행되고 있음을 나타내는 부사로 '(지금) ~을 하고 있다'
의 의미로 쓰여 현재 진행을 의미하는 시간부사이다. 呢는 문장 끝에 쓰이며 생략 가능하다. 같은
진행을 나타내는 부사로 正, 在가 있다.

我正在看漫画呢。
Wǒ zhèngzài kàn mànhuà ne.

나는 (지금) 만화를 보고 있다.

看 kàn 통 보다 | 漫画 mànhuà 명 만화

我正在打篮球呢。
Wǒ zhèngzài dǎ lánqiú ne.

나는 (지금) 농구를 하고 있다.

打篮球 dǎ lánqiú 농구를 하다

我正在写文稿呢。
Wǒ zhèngzài xiě wéngǎo ne.

나는 (지금) 원고를 쓰고 있다.

写 xiě 통 쓰다 | 文稿 wéngǎo 명 원고

我正在倒茶水呢。
Wǒ zhèngzài dào cháshuǐ ne.

나는 (지금) 찻물을 따르고 있다.

倒 dào 통 붓다, 따르다 | 茶水 cháshuǐ 명 찻물

我正在查资料呢。
Wǒ zhèngzài chá zīliào ne.

나는 (지금) 자료를 찾고 있다.

查 chá 통 찾다, 조사하다 | 资料 zīliào 명 자료

我正在打扫房间。
Wǒ zhèngzài dǎsǎo fángjiān.

나는 (지금) 방을 청소하고 있다.

打扫 dǎsǎo 통 청소하다 | 房间 fángjiān 명 방

다음 중국어에 맞게 성조를 표시하며 말해보세요.

❶ 我 正 在 看 漫 画 呢 。　　나는 (지금) 만화를 보고 있다.

❷ 我 正 在 打 篮 球 呢 。　　나는 (지금) 농구를 하고 있다.

❸ 我 正 在 写 文 稿 呢 。　　나는 (지금) 원고를 쓰고 있다.

❹ 我 正 在 倒 茶 水 呢 。　　나는 (지금) 찻물을 따르고 있다.

❺ 我 正 在 查 资 料 呢 。　　나는 (지금) 자료를 찾고 있다.

❻ 我 正 在 打 扫 房 间 。　　나는 (지금) 방을 청소하고 있다.

다음 주제별 어휘들을 확인하고 문장에 활용해 보세요

취미

- **业余生活** yèyú shēnghuó

  몡 여가생활

- **爱好** àihào

  몡 취미

- **游戏** yóuxì

  몡 게임

- **日记** rìjì

  몡 일기

- **爬山** páshān

  동 등산(하다)

- **插花** chāhuā

  동 꽃꽂이 하다

- **编织** biānzhī

  동 뜨개질하다

MEMO

51 已经⋯了
이미, 벌써 ~했다

- **知道**
  zhīdào

  알다

- **已经知道了**
  yǐjing zhīdào le

  이미 알고 있다

- **她已经知道了。**
  Tā yǐjing zhīdào le.

  그녀는 이미 알고 있다.

단어 | **知道** zhīdào 동 알다 | **已经** yǐjing 부 이미, 벌써 | **了** le 조 문장 끝에 쓰이는 완료 조사 | **她** tā 대 그녀

기본 문형

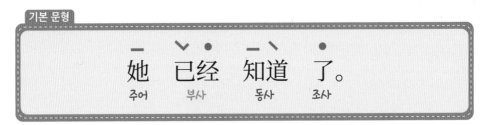

她　已经　知道　了。
주어　부사　동사　조사

➡ **已经**은 동사 술어 앞에서 '이미 ~했다'라는 뜻으로 어떤 동작이 종료되었음을 나타내는 시간 부사이다. 이미 발생한 일을 나타내므로 완료를 나타내는 조사 **了**와 함께 쓰이며 **了**는 문장 끝에 쓰인다.

她已经睡觉了。
Tā yǐjing shuìjiào le.

그녀는 이미 잤다.

睡觉 shuìjiào 동 자다

她已经离开了。
Tā yǐjing líkāi le.

그녀는 이미 떠났다.

离开 líkāi 동 떠나다, 헤어지다

她已经结婚了。
Tā yǐjing jiéhūn le.

그녀는 이미 결혼했다.

结婚 jiéhūn 동 결혼하다

她已经允许了。
Tā yǐjing yǔnxǔ le.

그녀는 이미 허락했다.

允许 yǔnxǔ 동 허가하다

她已经准备了。
Tā yǐjing zhǔnbèi le.

그녀는 이미 준비했다.

准备 zhǔnbèi 동 준비하다

票已经卖光了。
Piào yǐjing màiguāng le.

표가 이미 매진되었다.

票 piào 명 표 | 卖光 màiguāng 동 매진되다

다음 중국어에 맞게 성조를 표시하며 말해보세요.

❶ 她已经睡觉了。 　　그녀는 이미 잤다.

❷ 她已经离开了。 　　그녀는 이미 떠났다.

❸ 她已经结婚了。 　　그녀는 이미 결혼했다.

❹ 她已经允许了。 　　그녀는 이미 허락했다.

❺ 她已经准备了。 　　그녀는 이미 준비했다.

❻ 票已经卖光了。 　　표가 이미 매진되었다.

다음 주제별 어휘들을 확인하고 문장에 활용해 보세요

인터넷

- **上网** shàngwǎng
  동 인터넷에 접속하다

- **网站** wǎngzhàn
  명 웹사이트

- **因特网** yīntèwǎng
  명 인터넷

- **电子邮件** diànzǐ yóujiàn
  명 이메일

- **电邮地址** diànyóu dìzhǐ
  명 메일 주소

- **博客** bókè
  명 블로그

- **网页** wǎngyè
  명 홈페이지

- **网络聊天** wǎngluò liáotiān
  명 채팅

MEMO

1 다음 한자에 맞는 병음을 써 보세요.

❶ 迟到 ➡ _____

❷ 生气 ➡ _____

❸ 联系 ➡ _____

❹ 好吃 ➡ _____

❺ 请假 ➡ _____

❻ 打扫 ➡ _____

2 아래 문장에서 병음은 한자를, 한자는 병음을 적으세요.

❶ 爸爸又喝醉了。　➡ _____

❷ Jīntiān tiānqì hěn rè. ➡ _____

❸ Tā tài rèqíng le. ➡ _____

❹ 我正在打扫房间。　➡ _____

답안　1. ① chídào　② shēngqì　③ liánxì　④ hǎochī　⑤ qǐngjià　⑥ dǎsǎo
　　　2. ① Bàba yòu hē zuì le.　② 今天天气很热。③ 他太热情了。④ Wǒ zhèngzài dǎsǎo fángjiān.

3 다음 오른쪽에 있는 문장을 참고하여 빈칸에 알맞은 단어를 쓰세요.

❶ 请 [＿＿＿] 说一遍。 다시 한 번 말해주세요.

❷ Háizi [＿＿＿] shēngbìng le. 아이는 또 병이 났다.

❸ 날씨가 [＿＿＿] 춥다. Tiānqì tài lěng le.

❹ 票 [＿＿＿] 卖光了。 표가 이미 매진되었다.

4 다음 우리말을 중국어 문장으로 만들어 보세요.

❶ 나는 1인분을 더 주문하려고 한다. ➡ ＿＿＿＿＿＿＿＿＿＿＿＿＿＿＿＿＿

❷ 내일 다시 오세요. ➡ ＿＿＿＿＿＿＿＿＿＿＿＿＿＿＿＿＿

❸ 당신은 너무 지나치다. ➡ ＿＿＿＿＿＿＿＿＿＿＿＿＿＿＿＿＿

❹ 그녀는 이미 떠났다. ➡ ＿＿＿＿＿＿＿＿＿＿＿＿＿＿＿＿＿

답안 3. ① 再 ② yòu ③ 너무 ④ 已经
4. ① 我还要点一份。② 明天再来吧。③ 你太过分了。④ 她已经离开了。

09장

나와 너, 그것과 그것을 비교할 때 쓰는 비교문!

—

학습 목표

1 비교문에 쓰이는 어휘를 익힌다.

2 비교문을 만들기 위한 문장구조를 익힌다.

3 부정 비교문의 의미를 익힌다.

4 비교문과 자주 쓰이는 어휘를 익힌다.

A比B
A는 B보다

● **大**
dà

크다

● **中国大**
Zhōngguó dà

중국은 크다

● **比中国大**
bǐ Zhōngguó dà

중국보다 크다

● **美国比中国大。**
Měiguó bǐ Zhōngguó dà.

미국은 중국보다 크다.

단어 大 dà 형 크다 | 中国 Zhōngguó 명 중국 | 比 bǐ 전 ~보다 | 美国 Měiguó 명 미국

기본 문형

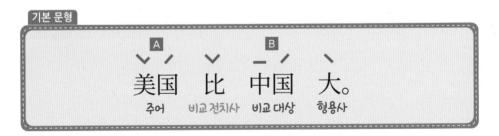

➡ 평소 비교형식으로 대화를 많이 하는 경우가 있듯이, 비교문은 많은 표현을 나타낼 수 있는 문장이다. 중국어의 대표적인 비교문 문장을 알아보자.

比자문 : A + 比 + B(+ 更/还) + 형용사
A比B는 'A는 B보다 ~하다'라는 의미로, 여기서 比는 비교문을 표현하는 대표적인 전치사이다. 또한 형용사의 정도를 강조하기 위해 형용사 앞에 还(더욱)나 更(더욱)을 쓸 수 있다. 부정은 不를 比 앞에 써서 'A는 B보다 ~못하다'라는 뜻이 된다.

문장 패턴

她比我更漂亮。
Tā bǐ wǒ gèng piàoliang.

그녀는 나보다 훨씬 예쁘다.

更 gèng 튄 더욱 | 漂亮 piàoliang 혱 예쁘다

釜山比首尔远。
Fǔshān bǐ Shǒu'ěr yuǎn.

부산이 서울보다 멀다.

釜山 Fǔshān 휑 부산 | 首尔 Shǒu'ěr 휑 서울

芒果比草莓贵。
Mángguǒ bǐ cǎoméi guì.

망고가 딸기보다 비싸다.

芒果 mángguǒ 휑 망고 | 草莓 cǎoméi 휑 딸기 | 贵 guì 혱 비싸다

面包比米便宜。
Miànbāo bǐ mǐ piányi.

빵이 쌀보다 싸다.

面包 miànbāo 휑 빵 | 米 mǐ 휑 쌀 | 便宜 piányi 혱 싸다

城市比农村吵。
Chéngshì bǐ nóngcūn chǎo.

도시가 농촌보다 시끄럽다.

城市 chéngshì 휑 도시 | 农村 nóngcūn 휑 농촌 | 吵 chǎo 혱 시끄럽다

今年比去年热。
Jīnnián bǐ qùnián rè.

올해는 작년보다 덥다.

今年 jīnnián 휑 올해 | 去年 qùnián 휑 작년 | 热 rè 혱 덥다

다음 중국어에 맞게 성조를 표시하며 말해보세요.

① 她 比 我 更 漂 亮。

그녀는 나보다 훨씬 예쁘다.

② 釜 山 比 首 尔 远。

부산이 서울보다 멀다.

③ 芒 果 比 草 莓 贵。

망고가 딸기보다 비싸다.

④ 面 包 比 米 便 宜。

빵이 쌀보다 싸다.

⑤ 城 市 比 农 村 吵。

도시가 농촌보다 시끄럽다.

⑥ 今 年 比 去 年 热。

올해는 작년보다 덥다.

다음 주제별 어휘들을 확인하고 문장에 활용해 보세요

컴퓨터

- 鼠标 shǔbiāo
  명 마우스

- 键盘 jiànpán
  명 키보드

- 软件 ruǎnjiàn
  명 소프트웨어

- 硬件 yìngjiàn
  명 하드웨어

텔레비전

- 画面 huàmiàn
  명 화면

- 遥控 yáokòng
  명 리모컨

- 频道 píndào
  명 채널

- 广告 guǎnggào
  명 광고

- 广播 guǎngbō
  동 방송하다

MEMO

53 A跟B一样

A는 B와 같다, A도 B처럼 ~하다

- **聪明**
  cōngming

  똑똑하다

- **一样聪明**
  yíyàng cōngming

  똑같이 똑똑하다

- **跟你一样聪明**
  gēn nǐ yíyàng cōngming

  너처럼 똑같이 똑똑하다

- **我跟你一样聪明。**
  Wǒ gēn nǐ yíyàng cōngming.

  나도 너처럼 똑같이 똑똑하다.

> **단어** 聪明 cōngming 형 똑똑하다, 총명하다 | 一样 yíyàng 형 같다 | 跟 gēn 전 ~와, 과 | 你 nǐ 대 너, 당신

기본 문형

我 跟 你 一样聪明
주어 비교 전치사 비교대상 형용사

➡ A跟B一样은 'A와 B는 같다' 또는 'A도 B처럼 ~하다'라는 의미로, 두 대상이 동일함을 나타낼 때 쓰는 표현이다. 一样 뒤에는 무엇이 같은지를 나타내며, 跟은 和와 바꿀 수 있다.

我跟你一样幸福。　나도 당신처럼 행복하다.
Wǒ gēn nǐ yíyàng xìngfú.

幸福 xìngfú 형 행복하다

我跟你一样烦恼。　나도 당신처럼 고통스럽다.
Wǒ gēn nǐ yíyàng fánnǎo.

烦恼 fánnǎo 동 걱정하다

我跟你一样想去。　나도 당신처럼 가고 싶다.
Wǒ gēn nǐ yíyàng xiǎng qù.

想 xiǎng 조동 ~하고 싶다 | 去 qù 동 가다

我跟你一样吃饱。　나도 당신처럼 배부르다.
Wǒ gēn nǐ yíyàng chībǎo.

吃饱 chībǎo 형 배부르다

我跟你一样明白。　나도 당신처럼 이해했다.
Wǒ gēn nǐ yíyàng míngbai.

明白 míngbai 동 이해하다

我跟你一样想念。　나도 당신처럼 그립다.
Wǒ gēn nǐ yíyàng xiǎngniàn.

想念 xiǎngniàn 동 그리워하다

다음 중국어에 맞게 성조를 표시하며 말해보세요.

① 我 跟 你 一 样 幸 福。　나도 당신처럼 행복하다.

② 我 跟 你 一 样 烦 恼。　나도 당신처럼 고통스럽다.

③ 我 跟 你 一 样 想 去。　나도 당신처럼 가고 싶다.

④ 我 跟 你 一 样 吃 饱。　나도 당신처럼 배부르다.

⑤ 我 跟 你 一 样 明 白。　나도 당신처럼 이해했다.

⑥ 我 跟 你 一 样 想 念。　나도 당신처럼 그립다.

목욕

- **香波** xiāngbō
  명 샴푸

- **护发素** hùfàsù
  명 린스

- **洗面奶** xǐmiànnǎi
  명 폼클렌징

- **沐浴液** mùyùyè
  명 바디클렌저

- **洗澡** xǐzǎo
  동 목욕하다

- **淋浴** línyù
  동 샤워하다

- **桑拿浴** sāngnáyù
  명 사우나

- **按摩** ànmó
  동 안마하다

MEMO

1 다음 한자에 맞는 병음을 써 보세요.

❶ 漂亮 ➡ _____

❷ 便宜 ➡ _____

❸ 幸福 ➡ _____

❹ 烦恼 ➡ _____

❺ 明白 ➡ _____

❻ 想念 ➡ _____

2 아래 문장에서 병음은 한자를, 한자는 병음을 적으세요.

❶ 面包比米便宜。 ➡ _____

❷ Wǒ gēn nǐ yíyàng fánnǎo. ➡ _____

❸ Wǒ gēn nǐ yíyàng chībǎo. ➡ _____

답안   1. ① piàoliang   ② piányi   ③ xìngfú   ④ fánnǎo   ⑤ míngbai   ⑥ xiǎngniàn
      2. ① Miànbāo bǐ mǐ piányi.   ② 我跟你一样烦恼。   ③ 我跟你一样吃饱。

3 다음 오른쪽에 있는 문장을 참고하여 빈칸에 알맞은 단어를 쓰세요.

① 她 ____ 我更漂亮。　　　그녀는 나보다 훨씬 예쁘다.

② 我 ____ 你一样想去。　　　나도 당신처럼 가고 싶다.

③ 我跟你 ____ 想念。　　　Wǒ gēn nǐ yíyàng xiǎngniàn.

4 다음 우리말을 중국어 문장으로 만들어 보세요.

① 부산이 서울보다 멀다.　➡　_____

② 올해는 작년보다 덥다.　➡　_____

③ 나도 당신처럼 행복하다.　➡　_____

④ 나도 당신처럼 이해했다.　➡　_____

답안 3. ① 比　② 跟　③ 一样
　　 4. ① 釜山比首尔远。② 今年比去年热。③ 我跟你一样幸福。④ 我跟你一样明白。

10장

과거, 현재를
나타내는 시제!

—

1. 중국어의 시제를 알아본다.

2. 시제를 나타내는 조사의 의미를 파악한다.

3. 시제 조사의 위치를 익힌다.

4. 시제를 넣어 경험, 완료, 진행 표현을 만들어 본다.

了
~을 했다

- **一顿饭**
  yí dùn fàn

  식사 한 끼

- **吃了一顿饭**
  chī le yí dùn fàn

  밥 한 끼를 먹었다

- **我吃了一顿饭。**
  Wǒ chī le yí dùn fàn.

  나는 밥 한 끼를 먹었다.

- **我没吃一顿饭。**
  Wǒ méi chī yí dùn fàn.

  나는 밥 한 끼를 먹지 않았다.

단어 | **顿** dùn 양 끼니 | **饭** fàn 명 점심 | **吃** chī 동 먹다 | **了** le 조 완료를 나타내는 조사 | **我** wǒ 대 나 **没** méi 부 不의 과거

기본 문형

我	吃	了	一顿	饭。
주어	동사	완료조사	수사 + 양사	목적어

➡ 중국어에서 시제를 나타내는 조사를 '동태조사'라고 하며, 중국어의 시제는 완료, 진행, 경험을 표현할 수 있다. 동태조사 了는 동작, 문장의 완료 그리고 동작의 상태 변화나 발생을 나타낼 수 있다. 이번 장에서 了는 동사 뒤에 쓰여 동작의 완료를 나타내는 문장을 정리하였으며, 이때 동태조사 了는 '과거의 완료', '현재의 완료', '미래의 완료'를 모두 나타낼 수 있다. 부정은 술어 앞에 不의 과거 没를 쓸 수 있으며, 이때 了는 생략한다.

我买了一副手套。
Wǒ mǎi le yí fù shǒutào.

나는 장갑 하나를 샀다.

买 mǎi 图 사다 | 副 fù 양 쌍 | 手套 shǒutào 명 장갑

我读了一本小说。
Wǒ dú le yì běn xiǎoshuō.

나는 소설책 한 권을 읽었다.

读 dú 图 읽다 | 本 běn 양 권 | 小说 xiǎoshuō 명 소설

我买了一条裤子。
Wǒ mǎi le yì tiáo kùzi.

나는 바지 한 개를 샀다.

买 mǎi 图 사다 | 条 tiáo 양 벌 | 裤子 kùzi 명 바지

我写了一篇论文。
Wǒ xiě le yì piān lùnwén.

나는 논문 한 편을 썼다.

写 xiě 图 쓰다 | 篇 piān 양 편 | 论文 lùnwén 명 논문

我去了奶奶的家。
Wǒ qù le nǎinai de jiā.

나는 할머니 집에 갔다.

去 qù 图 가다 | 奶奶 nǎinai 명 할머니 | 家 jiā 명 집

我见了中国朋友。
Wǒ jiàn le Zhōngguó péngyou.

나는 중국 친구를 만났다.

见 jiàn 图 만나다 | 中国朋友 Zhōngguó péngyou 명 중국 친구

다음 중국어에 맞게 성조를 표시하며 말해보세요.

□□□□□□□
❶ 我 买 了 一 副 手 套 。　　나는 장갑 하나를 샀다.

□□□□□□□
❷ 我 读 了 一 本 小 说 。　　나는 소설책 한 권을 읽었다.

□□□□□□□
❸ 我 买 了 一 条 裤 子 。　　나는 바지 한 개를 샀다.

□□□□□□□
❹ 我 写 了 一 篇 论 文 。　　나는 논문 한 편을 썼다.

□□□□□□
❺ 我 去 了 奶 奶 的 家 。　　나는 할머니 집에 갔다.

□□□□□□
❻ 我 见 了 中 国 朋 友 。　　나는 중국 친구를 만났다.

다음 주제별 어휘들을 확인하고 문장에 활용해 보세요

중국기차

- **硬座** yìngzuò
  명 일반 좌석

- **软座** ruǎnzuò
  명 고급 좌석(푹신한 좌석)

- **卧铺** wòpù
  명 침대칸

- **软卧** ruǎnwò
  명 고급 침대칸

- **硬卧** yìngwò
  명 일반 침대칸

- **普客** pǔkè
  명 보통 열차

- **直快** zhíkuài
  명 급행 열차

- **特快** tèkuài
  명 특급 열차

MEMO

55 着
~을 하고 있다

- **午饭**
  wǔfàn

  점심

- **做着午饭**
  zuò zhe wǔfàn

  점심을 만든다

- **他做着午饭。**
  Tā zuò zhe wǔfàn.

  그는 점심을 만든다.

- **他没做午饭。**
  Tā méi zuò wǔfàn.

  그는 점심을 만들지 않았다.

단어 午饭 wǔfàn 명 점심 | 做 zuò 동 만들다 | 着 zhe 조 진행을 나타내는 조사 | 他 tā 대 그
没 méi 부 不의 과거

기본 문형

他	做	着	午饭。
주어	술어	진행조사	목적어

➡ 동태조사 **着**는 동사 뒤에 쓰여 동작의 지속, 진행을 나타낸다. 부정은 술어 앞에 **不**의 과거 **没**를 쓰며, 이때 **着**는 생략한다.

他穿着大衣。
Tā chuān zhe dàyī.

그는 외투를 입고 있다.

穿 chuān 통 입다 | 大衣 dàyī 명 외투

他开着窗户。
Tā kāi zhe chuānghu.

그는 창문을 열고 있다.

开 kāi 통 열다 | 窗户 chuānghu 명 창문

他看着京剧。
Tā kàn zhe jīngjù.

그는 경극을 보고 있다.

看 kàn 통 보다 | 京剧 jīngjù 명 경극

他打着篮球。
Tā dǎ zhe lánqiú.

그는 농구를 하고 있다.

打 dǎ 통 치다 | 篮球 lánqiú 명 농구

他弹着钢琴。
Tā tán zhe gāngqín.

그는 피아노를 치고 있다.

弹 tán 통 켜다, 연주하다 | 钢琴 gāngqín 명 피아노

他背着书包。
Tā bēi zhe shūbāo.

그는 가방을 메고 있다.

背 bēi 통 짊어지다 | 书包 shūbāo 명 가방

성조 복습 다음 중국어에 맞게 성조를 표시하며 말해보세요.

❶— 他穿着大衣。　　　그는 외투를 입고 있다.

❷— 他开着窗户。　　　그는 창문을 열고 있다.

❸— 他看着京剧。　　　그는 경극을 보고 있다.

❹— 他打着篮球。　　　그는 농구를 하고 있다.

❺— 他弹着钢琴。　　　그는 피아노를 치고 있다.

❻— 他背着书包。　　　그는 가방을 메고 있다.

다음 주제별 어휘들을 확인하고 문장에 활용해 보세요

중국도시

- **北京** Běijīng
  명 북경

- **上海** Shànghǎi
  명 상해

- **青岛** Qīngdǎo
  명 청도

- **苏州** Sūzhōu
  명 소주

- **天津** Tiānjīn
  명 천진

- **杭州** Hángzhōu
  명 항주

- **大连** Dàlián
  명 대련

- **桂林** Guìlín
  명 계림

- **哈尔滨** Hāěrbīn
  명 하얼빈

- **广东** Guǎngdōng
  명 광동

- **四川** Sìchuān
  명 사천

过
~한 적이 있다

● 火锅
huǒguō

훠궈

● 吃过火锅
chī guo huǒguō

훠궈를 먹은 적이 있다

● 我吃过火锅。
Wǒ chī guo huǒguō.

나는 훠궈를 먹은 적이 있다.

● 我没吃过火锅。
Wǒ méi chī guo huǒguō.

나는 훠궈를 먹은 적이 없다.

> **단어** 火锅 huǒguō 圆 훠궈(중국식 샤브샤브) | 吃 chī 圄 먹다 | 过 guo 困 경험을 나타내는 조사
> 我 wǒ 떼 나 | 没 méi 閉 不의 과거

기본 문형

	ˇ	ˉ	•	ˇ	ˉ
我	吃	过	火锅。

我 吃 过 火锅。
주어 동사 경험조사 목적어

➡ 동태조사 过는 동사 뒤에 쓰여 동작의 경험을 나타낸다. 이때 부사 **曾经(céngjīng)**이나 **已经**과 자주 함께 쓰인다. 부정은 술어 앞에 不의 과거 没를 쓴다.

我买过衣服。 나는 옷을 산 적이 있다.
Wǒ mǎi guo yīfu.

买 mǎi 图 사다 | 衣服 yīfu 몝 옷

我喝过饮料。 나는 음료수를 마신 적이 있다.
Wǒ hē guo yǐnliào.

喝 hē 图 마시다 | 饮料 yǐnliào 몝 음료수

我看过电影。 나는 영화를 본 적이 있다.
Wǒ kàn guo diànyǐng.

看 kàn 图 보다 | 电影 diànyǐng 몝 영화

我见过朋友。 나는 친구를 만난 적이 있다.
Wǒ jiàn guo péngyou.

见 jiàn 图 만나다 | 朋友 péngyou 몝 친구

我学过外语。 나는 외국어를 공부한 적이 있다.
Wǒ xué guo wàiyǔ.

学 xué 图 공부하다 | 外语 wàiyǔ 몝 외국어

我写过报告。 나는 보고서를 쓴 적이 있다.
Wǒ xiě guo bàogào.

写 xiě 图 쓰다 | 报告 bàogào 몝 보고서

다음 중국어에 맞게 성조를 표시하며 말해보세요.

❶ 我 买 过 衣 服。

나는 옷을 산 적이 있다.

❷ 我 喝 过 饮 料。

나는 음료수를 마신 적이 있다.

❸ 我 看 过 电 影。

나는 영화를 본 적이 있다.

❹ 我 见 过 朋 友。

나는 친구를 만난 적이 있다.

❺ 我 学 过 外 语。

나는 외국어를 공부한 적이 있다.

❻ 我 写 过 报 告。

나는 보고서를 쓴 적이 있다.

다음 주제별 어휘들을 확인하고 문장에 활용해 보세요

중국음식

- **北京烤鸭** Běijīng kǎoyā
  몡 북경 오리구이

- **宫保鸡丁** gōngbǎo jīdīng
  몡 궁보지정

- **糖醋肉** tángcùròu
  몡 탕수육

- **麻婆豆腐** mápó dòufu
  몡 마파두부

- **饺子** jiǎozi
  몡 교자(고기나 야채를 넣어 만든 만두)

- **鱼香肉丝** yúxiāngròusī
  몡 어향육사

- **馒头** mántou
  몡 찐빵(소가 없는 만두)

- **炸馒头** zhá mántou
  몡 튀김만두

- **点心** diǎnxīn
  몡 딤섬

- **羊肉串儿** yángròuchuànr
  몡 양꼬치

MEMO

1 다음 한자에 맞는 병음을 써 보세요.

❶ 衣服 ➡ _____

❷ 饮料 ➡ _____

❸ 电影 ➡ _____

❹ 朋友 ➡ _____

❺ 外语 ➡ _____

❻ 报告 ➡ _____

2 아래 문장에서 병음은 한자를, 한자는 병음을 적으세요.

❶ 我喝了饮料。 ➡ _____

❷ Wǒ xué zhe wàiyǔ. ➡ _____

❸ Wǒ xiě guo bàogào. ➡ _____

답안 1. ① yīfu ② yǐnliào ③ diànyǐng ④ péngyou ⑤ wàiyǔ ⑥ bàogào
2. ① Wǒ hē le yǐnliào. ② 我学着外语。 ③ 我写过报告。

3 다음 오른쪽에 있는 문장을 참고하여 빈칸에 알맞은 단어를 쓰세요.

❶ 我看 ⬚⬚⬚ 电影。   나는 영화를 봤다.

❷ Wǒ kàn ⬚⬚⬚ diànyǐng.   나는 영화를 보고 있다.

❸ 我看 ⬚⬚⬚ 电影。   Wǒ kàn guo diànyǐng.

4 다음 우리말을 중국어 문장으로 만들어 보세요.

❶ 나는 친구를 만났다   ➡ _____

❷ 나는 옷을 사고 있다.   ➡ _____

❸ 나는 외국어를 공부한 적이 있다. ➡ _____

답안   3. ① 了   ② zhe   ③ 过
       4. ① 我见了朋友。 ② 我买着衣服。 ③ 我学过外语。

11장

접속사로 나타내는 복문!

—

학습 목표

1 복문의 의미를 익힌다.

2 접속사의 의미를 익힌다.

3 접속사의 위치와 쓰임을 익힌다.

4 학습한 접속사를 실생활에 적용해본다.

虽然A，但是B

비록 A하지만, B하다

- **非常贵**
  fēicháng guì

  매우 비싸다

- **漂亮，但是非常贵**
  piàoliang, dànshì fēicháng guì

  예쁘지만, 매우 비싸다

- **这虽然漂亮，但是非常贵。**
  Zhè suīrán piàoliang, dànshì fēicháng guì.

  이것은 비록 예쁘지만, 매우 비싸다.

단어 　**非常** fēicháng 형 매우 | **贵** guì 형 비싸다 | **漂亮** piàoliang 형 예쁘다 | **但是** dànshì 접 그러나
这 zhè 대 이, 이것 | **虽然** suīrán 접 비록 ~일지라도

기본 문형

这	虽然	漂亮，	但是	非常	贵。
주어	접속사	형용사	접속사	부사	형용사

➡ 복문이란 한 문장에 두 개의 문장이 있는 것을 말하며, 대부분 접속사로 나타내거나 부사를
활용하여 나타낼 때에는 쉼표로 문장을 구분한다. **虽然A但是B**는 역접을 나타내는 접속사로,
'비록 A이지만, B하다'라는 뜻으로 쓰인다. **但是** 대신 **可是**를 쓸 수 있다.

这虽然好看，但是不能买。 이것은 비록 예쁘지만, 살 수 없다.
Zhè suīrán hǎokàn, dànshì bù néng mǎi.

好看 hǎokàn 휑 보기 좋다, 예쁘다 | 买 mǎi 훀 사다

菜虽然好吃，但是非常贵。 요리는 비록 맛있지만, 매우 비싸다.
Cài suīrán hǎochī, dànshì fēicháng guì.

菜 cài 휑 요리 | 好吃 hǎochī 휑 맛있다 | 非常 fēicháng 휑 매우 | 贵 guì 휑 비싸다

她虽然生病，但是出差了。 그녀는 비록 병이 났지만, 출장을 갔다.
Tā suīrán shēngbìng, dànshì chūchāi le.

生病 shēngbìng 휑 병이 나다 | 出差 chūchāi 휑 출장 가다

她虽然下雨，但是出去了。 그녀는 비록 비가 내리지만, 나갔다.
Tā suīrán xiàyǔ, dànshì chūqù le.

下雨 xiàyǔ 휑 비가 내리다 | 出去 chūqù 휑 나가다, 외출하다

书虽然有名，但是没意思。 책은 비록 유명하지만, 재미가 없다.
Shū suīrán yǒumíng, dànshì méi yìsi.

书 shū 휑 책 | 有名 yǒumíng 휑 유명하다 | 意思 yìsi 휑 의미

他虽然不帅，但是很善良。 그는 비록 잘생기지 않았지만, 착하다.
Tā suīrán bú shuài, dànshì hěn shànliáng.

帅 shuài 휑 잘생기다 | 善良 shànliáng 휑 착하다

다음 중국어에 맞게 성조를 표시하며 말해보세요.

❶- 这 虽 然 好 看 ， 但 是 不 能 买 。

이것은 비록 예쁘지만, 살 수 없다.

❷- 菜 虽 然 好 吃 ， 但 是 非 常 贵 。

요리는 비록 맛있지만, 매우 비싸다.

❸- 她 虽 然 生 病 ， 但 是 出 差 了 。

그녀는 비록 병이 났지만, 출장을 갔다.

❹- 她 虽 然 下 雨 ， 但 是 出 去 了 。

그녀는 비록 비가 내리지만, 나갔다.

❺- 书 虽 然 有 名 ， 但 是 没 意 思 。

책은 비록 유명하지만, 재미가 없다.

❻- 他 虽 然 不 帅 ， 但 是 很 善 良 。

그는 비록 잘생기지 않았지만, 착하다.

다음 주제별 어휘들을 확인하고 문장에 활용해 보세요

채팅 용어

- 7998 去走走吧 qu zǒu zǒu ba
  가자

- 886 拜拜了 bài bai le
  잘가

- 765 去跳舞 qù tiàowǔ
  춤추러 가자

- 721 亲爱的 qīn'ai de
  자기야

- 596 我走了 wǒ zǒu le
  갈게

- 360 想念你 xiǎng niàn nǐ
  너가 보고 싶어

- 456 是我啦 shì wǒ la
  나야

- 748 去死吧 qù sǐ ba
  죽어버려

MEMO

58 因为A，所以B
A때문에, (그래서) B하다

● **不舒服**
　bù shūfu

불편하다

● **感冒了，所以不舒服。**
　Gǎnmào le, suǒyǐ bù shūfu.

감기에 걸렸고, 그래서 불편하다.

● **因为感冒了，所以不舒服。**
　Yīnwèi gǎnmào le, suǒyǐ bù shūfu.

감기에 걸려서, 불편하다.

단어 **不** bù 📖 ～이 아니다 | **舒服** shūfu 📖 편안하다 | **感冒** gǎnmào 📖 감기 걸리다 | **所以** suǒyǐ 📖 그래서
因为 yīnwèi 📖 ～때문에

기본 문형

因为	感冒	了，	所以	不	舒服。
접속사	동사	조사	접속사	부정부사	형용사

➡ **因为A所以B**는 이유를 나타내는 접속사로, 'A때문에, 그래서 B하다'라는 뜻으로 쓰인다.

因为买衣服，所以很高兴。
Yīnwèi mǎi yīfu, suǒyǐ hěn gāoxìng.

옷을 사서, 매우 기쁘다.

买 mǎi 통 사다 | 衣服 yīfu 명 옷 | 高兴 gāoxìng 형 기쁘다

因为睡懒觉，所以迟到了。
Yīnwèi shuì lǎnjiào, suǒyǐ chídào le.

늦잠을 자서, 지각을 했다.

睡懒觉 shuì lǎnjiào 늦잠 자다 | 迟到 chídào 통 지각하다

因为不运动，所以生病了。
Yīnwèi bú yùndòng, suǒyǐ shēngbìng le.

운동을 안 해서, 병이 났다.

运动 yùndòng 통 운동하다 | 生病 shēngbìng 병이 나다

因为人很多，所以很热闹。
Yīnwèi rén hěn duō, suǒyǐ hěn rènao.

사람이 많아서, 매우 시끄럽다.

人 rén 명 사람 | 多 duō 형 많다 | 热闹 rènao 형 왁자지껄하다

因为很热，所以打开空调。
Yīnwèi hěn rè, suǒyǐ dǎkāi kōngtiáo.

너무 더워서, 에어컨을 켰다.

热 rè 형 덥다 | 打开 dǎkāi 통 켜다 | 空调 kōngtiáo 명 에어컨

因为喝醉了，所以丢钱包。
Yīnwèi hē zuì le, suǒyǐ diū qiánbāo.

취해서, 지갑을 잃어버렸다.

喝 hē 통 마시다 | 醉 zuì 통 취하다 | 丢 diū 통 잃어버리다 | 钱包 qiánbāo 명 지갑

성조 복습 다음 중국어에 맞게 성조를 표시하며 말해보세요.

❶ 因为买衣服，所以很高兴。

옷을 사서, 매우 기쁘다.

❷ 因为睡懒觉，所以迟到了。

늦잠을 자서, 지각을 했다.

❸ 因为不运动，所以生病了。

운동을 안 해서, 병이 났다.

❹ 因为人很多，所以很热闹。

사람이 많아서, 매우 시끄럽다.

❺ 因为很热，所以打开空调。

너무 더워서, 에어컨을 켰다.

❻ 因为喝醉了，所以丢钱包。

취해서, 지갑을 잃어버렸다.

브랜드

- **三星** Sānxīng
  명 삼성

- **香奈儿** Xiāngnài'ěr
  명 샤넬

- **现代** Xiàndài
  명 현대

- **普拉达** Pǔlādá
  명 프라다

- **苹果** Píngguǒ
  명 애플

- **路易威登** Lùyìwēidēng
  명 루이비통

- **索尼** Suǒní
  명 소니

- **博柏利** Bóbǎilì
  명 버버리

MEMO

59

如果A，就B
만약 A라면, B하다

● **去旅游**
qù lǚyóu

여행을 간다

● **有钱，就去旅游。**
Yǒu qián, jiù qù lǚyóu.

돈이 있으면, 여행을 간다.

● **如果有钱，就去旅游。**
Rúguǒ yǒu qián, jiù qù lǚyóu.

만약 돈이 있으면, 여행을 간다.

> 단어 去 qù 동 가다 | 旅游 lǚyóu 명 여행 | 有 yǒu 동 있다 | 钱 qián 명 돈 | 就 jiù 형 바로, 곧
> 如果 rúguǒ 접 만일, 만약

기본 문형

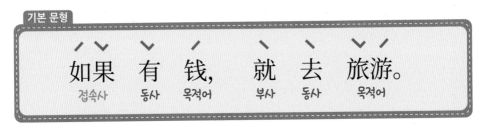

➡ **如果A, 就B**는 가정을 나타내는 접속사로, '만약 A라면, B하다'라는 뜻으로 쓰인다.

如果有钱，就买跑车。
Rúguǒ yǒu qián, jiù mǎi pǎochē.

만약 돈이 있으면, 스포츠카를 산다.

买 mǎi 图 사다 | 跑车 pǎochē 图 스포츠카

如果有钱，就买东西。
Rúguǒ yǒu qián, jiù mǎi dōngxi.

만약 돈이 있으면, 물건을 산다.

东西 dōngxi 图 물건

如果有钱，就买房屋。
Rúguǒ yǒu qián, jiù mǎi fángwū.

만약 돈이 있으면, 집을 산다.

房屋 fángwū 图 집, 건물

如果有事，就别来了。
Rúguǒ yǒu shì, jiù bié lái le.

만약 일이 있으면, 오지 마라.

事 shì 图 일 | 别 bié 图 ~하지 마라 | 来 lái 图 오다

如果很累，就去休息。
Rúguǒ hěn lèi, jiù qù xiūxi.

만약 피곤하면, 쉬세요.

累 lèi 图 피곤하다 | 休息 xiūxi 图 휴식하다

如果下雨，就别出去。
Rúguǒ xiàyǔ, jiù bié chūqù.

만약 비가 오면, 나가지 마라.

下雨 xiàyǔ 图 비가 내리다 | 出去 chūqù 图 나가다, 외출하다

다음 중국어에 맞게 성조를 표시하며 말해보세요.

① 如果有钱， 就买跑车。

만약 돈이 있으면, 스포츠카를 산다.

② 如果有钱， 就买东西。

만약 돈이 있으면, 물건을 산다.

③ 如果有钱， 就买房屋。

만약 돈이 있으면, 집을 산다.

④ 如果有事， 就别来了。

만약 일이 있으면, 오지 마라.

⑤ 如果很累， 就去休息。

만약 피곤하면, 쉬세요.

⑥ 如果下雨， 就别出去。

만약 비가 오면, 나가지 마라.

다음 주제별 어휘들을 확인하고 문장에 활용해 보세요

비즈니스

- 交易 jiāoyì
  명 거래

- 生产成本 shēngchǎn chéngběn
  명 생산 원가

- 成交 chéngjiāo
  동 거래가 성립되다

- 订单 dìngdān
  명 오더

- 订货 dìnghuò
  명 주문

- 报价 bàojià
  명 오퍼, 견적

- 保证金 bǎozhèngjīn
  명 보증금

- 佣金 yòngjīn
  명 커미션, 수수료

MEMO

60 一边A，一边B
A하면서, B하다

● **吃饭**
chīfàn

밥을 먹다

● **看电视**
kàn diànshì

텔레비전을 보다

● **一边吃饭，一边看电视。**
Yìbiān chīfàn, yìbiān kàn diànshì.

밥을 먹으면서, 텔레비전을 본다.

● **他一边吃饭，一边看电视。**
Tā yìbiān chīfàn, yìbiān kàn diànshì.

그는 밥을 먹으면서, 텔레비전을 본다.

단어   **吃饭** chīfàn 동 밥을 먹다 | **看** kàn 동 보다 | **电视** diànshì 명 텔레비전 | **他** tā 때 그
一边…一边 yìbiān…yìbiān 접 ~하면서, ~하다

기본 문형

他	一边	吃饭，	一边	看	电视。
주어	접속사	동사	접속사	동사	목적어

➡ 一边A, 一边B는 한 번에 두 가지 동작이 동시에 진행되는 것을 나타내는 접속사로, 'A하면서, B하다'라는 뜻으로 쓰인다.

他一边跑步，一边听音乐。
Tā yìbiān pǎobù, yìbiān tīng yīnyuè.

그는 뛰면서, 음악을 듣는다.

跑步 pǎobù 동 달리다 | 听 tīng 동 듣다 | 音乐 yīnyuè 명 음악

他一边喝咖啡，一边聊天。
Tā yìbiān hē kāfēi, yìbiān liáotiān.

그는 커피를 마시면서, 이야기를 한다.

喝 hē 동 마시다 | 咖啡 kāfēi 명 커피 | 聊天 liáotiān 동 잡담을 하다

他一边学习，一边听音乐。
Tā yìbiān xuéxí, yìbiān tīng yīnyuè.

그는 공부를 하면서, 음악을 듣는다.

学习 xuéxí 동 공부하다

他一边聊天，一边玩手机。
Tā yìbiān liáotiān, yìbiān wán shǒujī.

그는 대화를 하면서, 휴대전화로 논다.

玩 wán 동 놀다 | 手机 shǒujī 휴대전화

他一边看书，一边喝咖啡。
Tā yìbiān kàn shū, yìbiān hē kāfēi.

그는 책을 보면서, 커피를 마신다.

看 kàn 동 보다 | 书 shū 명 책

他一边通话，一边发短信。
Tā yìbiān tōnghuà, yìbiān fā duǎnxìn.

그는 통화하면서, 문자를 보낸다.

通话 tōnghuà 동 통화하다 | 发 fā 보내다 | 短信 duǎnxìn 명 문자

다음 중국어에 맞게 성조를 표시하며 말해보세요.

① 他 一 边 跑 步 ， 一 边 听 音 乐 。

그는 뛰면서, 음악을 듣는다.

② 他 一 边 喝 咖 啡 ， 一 边 聊 天 。

그는 커피를 마시면서, 이야기를 한다.

③ 他 一 边 学 习 ， 一 边 听 音 乐 。

그는 공부를 하면서, 음악을 듣는다.

④ 他 一 边 聊 天 ， 一 边 玩 手 机 。

그는 대화를 하면서, 휴대전화로 논다.

⑤ 他 一 边 看 书 ， 一 边 喝 咖 啡 。

그는 책을 보면서, 커피를 마신다.

⑥ 他 一 边 通 话 ， 一 边 发 短 信 。

그는 통화하면서, 문자를 보낸다.

다음 주제별 어휘들을 확인하고 문장에 활용해 보세요

기념일

- **春节** Chūn Jié
  몡 춘절, 설날

- **中秋节** Zhōngqiū Jié
  몡 중추절, 추석

- **国庆节** Guóqìng Jié
  몡 국경절

- **妇女节** Fùnǚ Jié
  몡 부녀절

- **劳动节** Láodòng Jié
  몡 노동절

- **清明节** Qīngmíng Jié
  몡 단오

- **儿童节** Értóng Jié
  몡 어린이날

- **教师节** Jiàoshī Jié
  몡 스승의 날

- **元宵节** Yuánxiāo Jié
  몡 정월 대보름

MEMO

1 다음 한자에 맞는 병음을 써 보세요.

❶ 生病 ➡ _____

❷ 有名 ➡ _____

❸ 感冒 ➡ _____

❹ 热闹 ➡ _____

❺ 跑车 ➡ _____

❻ 短信 ➡ _____

2 아래 문장에서 병음은 한자를, 한자는 병음을 적으세요.

❶ 她虽然下雨，但是出去了。 ➡ _____

❷ Yīnwèi bú yùndòng, suǒyǐ shēngbìng le. ➡ _____

❸ Rúguǒ hěn lèi, jiù qù xiūxi. ➡ _____

❹ 他一边学习，一边听音乐。 ➡ _____

답안 1. ① shēngbìng ② yǒumíng ③ gǎnmào ④ rènao ⑤ pǎochē ⑥ duǎnxìn
2. ① Tā suārán xiàyû, dànshì chñqù le. ② 因为不运动，所以生病了。
③ 如果很累，就去休息。④ Tā yìbiān xuéxí, yìbiān tīng yīnyuè.

3 다음 오른쪽에 있는 문장을 참고하여 빈칸에 알맞은 단어를 쓰세요.

❶ 他 ▢▢ 不帅，但是很善良。　　그는 비록 잘생기지 않았지만, 착하다.

❷ Yīnwèi hěn rè, ▢▢ dǎkāi kōngtiáo.　因为很热，所以打开空调。

❸ ▢▢ 일이 있으면, 오지 마라.　　　　Rúguǒ yǒu shì, jiù bié lái le.

❹ 他 ▢▢ 通话，一边发短信。　　그는 통화하면서, 문자를 보낸다.

4 다음 우리말을 중국어 문장으로 만들어 보세요.

❶ 이것은 비록 예쁘지만, 살 수 없다.　➡ _____

❷ 늦잠을 자서, 지각을 했다.　➡ _____

❸ 만약 비가 오면, 나가지 마라.　➡ _____

❹ 그는 대화를 하면서, 휴대전화로 논다.　➡ _____

답안　3. ① 虽然　② suǒyǐ　③ 만약　④ 一边
　　　4. ① 这虽然好看，但是不能买。　② 因为睡懒觉，所以迟到了。　③ 如果下雨，就别出去。
　　　　　④ 他一边聊天，一边玩手机。

다시 시작하는 중국어

다시중
60패턴
중국어회화